Cuaderno de actividades escritas y auditivas

Glencoe

El español para nosotros

Curso para hispanohablantes

Nivel 1

Conrad J. Schmitt

Mc Graw Hill **Glencoe**

New York, New York   Columbus, Ohio   Chicago, Illinois   Peoria, Illinois   Woodland Hills, California

Glencoe

Copyright © by The McGraw-Hill Companies, Inc. All rights reserved. Except as permitted under the United States Copyright Act, no part of this publication may be reproduced or distributed in any form or by any means, or stored in a database or retrieval system, without prior permission of the publisher.

Send all inquiries to:
Glencoe/McGraw-Hill
8787 Orion Place
Columbus, OH 43240-4027

ISBN: 978-0-07-867639-0
MHID: 0-07-867639-8

Printed in the United States of America.

22 23 24 25 26 27 QVS/QVS 22 21 20 19 18

Contenido

Conteúdo

Capítulo

1

Tú y yo

Sección 1: Historia y cultura

Vocabulario para la lectura

 Escribe de otra manera.

1. Es para los *que tienen bastante dinero.*

_____

2. El monarca no trató bien a sus *sujetos.*

_____

3. *Vencieron* a las tropas enemigas sin mucha dificultad.

_____

4. Las reglas *que dominaban* no favorecían a los pobres.

_____

5. Él *sometió violentamente* a sus sujetos.

_____

 Contesta.

1. ¿Qué hay entre los que disputan con frecuencia?

_____

_____

2. ¿Enviuda la mayoría de la gente cuando son mayores o menores?

_____

_____

3. ¿Quién recibe dinero para limpiar la casa y hacer otras tareas domésticas?

_____

_____

4. ¿Qué querían hacer los rebeldes que no querían obedecer al gobierno?

_____

_____

Copyright © by The McGraw-Hill Companies, Inc.

Nombre _____ Fecha _____

3 Usa cada palabra en una oración original. Ten mucho cuidado con la ortografía.

1. selló _____

_____

2. enviudó _____

_____

3. disensión _____

_____

4. sacerdote _____

_____

Lectura

4 Corrige las oraciones falsas.

1. De niño Simón Bolívar vivía en Caracas. _____

_____

2. Era de una familia pobre y humilde. _____

_____

3. Su padre se encargó de su educación durante toda su vida. _____

_____

4. Un profesor en Caracas, Simón Rodríguez, tuvo mucha influencia en la vida de Simón Bolívar. _____

_____

5. Simón Bolívar enviudó después de veinticinco años de matrimonio.

_____

_____

6. Bolívar murió en Europa. _____

_____

Actividades escritas
Copyright © by The McGraw-Hill Companies, Inc.

Nombre _____ Fecha _____

5 Contesta.

1. ¿Por qué le envió su tío a Bolívar a Europa? _____

_____

_____

_____

2. ¿Cuál fue el gran sueño de Simón Bolívar? _____

_____

_____

_____

_____

3. ¿Por qué no fue posible realizar su sueño? _____

_____

_____

_____

6 Identifica.

1. el gran Libertador _____

_____

2. Simón Bolívar _____

_____

3. la Gran Colombia _____

_____

4. las batallas de Junín y Ayacucho _____

_____

Sección 2: Conocimientos parar superar
Conexión con la geografía

7 Escribe una lista de todos los términos geográficos que sepas.

_____

_____

_____

_____

8 Escoge cinco términos y escríbeles una definición.

1. _____

2. _____

3. _____

4. _____

5. _____

9 Copia cada palabra tres veces. Ten mucho cuidado con la ortografía.

1. el valle _____

_____

2. la llanura _____

_____

3. la cordillera _____

_____

4. los llanos _____

_____

5. el cerro _____

_____

6. la extensión _____

_____

7. la elevación _____

_____

Copyright © by The McGraw-Hill Companies, Inc.

10 Completa.

1. Asia y Europa son _____ .

2. El Atlántico y el Pacífico son _____ .

3. El _____ de Panamá une la América del Norte

   con la América del Sur, que también son _____ .

4. Los Andes es una _____ de montañas altas.

11 ¡A ver lo que sabes! Escribe el nombre de...

1. un mar _____

2. una cadena de montañas _____

3. un río largo _____

4. una bahía _____

5. un lago _____

12 ¿Sí o no?

1. _____ Los océanos tienen agua salada y agua dulce.

2. _____ Casi todos los lagos son de agua dulce.

3. _____ Una bahía es más grande que un mar.

4. _____ Los llanos tienen muchos picos y otras elevaciones.

5. _____ Un río caudaloso es un río pequeño de poca agua que se
   parece a un arroyo.

13 Describe la diferencia entre un altiplano y una meseta.

_____

_____

_____

_____

_____

Sección 3: Gramática y lenguaje

Sustantivos

14 Contesta.

1. ¿Qué es un sustantivo?

＿＿＿＿＿＿＿＿＿＿＿＿＿＿＿＿＿＿＿＿＿＿＿＿＿

＿＿＿＿＿＿＿＿＿＿＿＿＿＿＿＿＿＿＿＿＿＿＿＿＿

＿＿＿＿＿＿＿＿＿＿＿＿＿＿＿＿＿＿＿＿＿＿＿＿＿

2. ¿Qué es un sustantivo propio?

＿＿＿＿＿＿＿＿＿＿＿＿＿＿＿＿＿＿＿＿＿＿＿＿＿

＿＿＿＿＿＿＿＿＿＿＿＿＿＿＿＿＿＿＿＿＿＿＿＿＿

＿＿＿＿＿＿＿＿＿＿＿＿＿＿＿＿＿＿＿＿＿＿＿＿＿

15 Escribe.

1. dos sustantivos de nombre propio

＿＿＿＿＿＿＿＿＿＿＿＿＿＿＿＿＿＿＿＿＿＿＿＿＿

＿＿＿＿＿＿＿＿＿＿＿＿＿＿＿＿＿＿＿＿＿＿＿＿＿

2. dos sustantivos de lugar

＿＿＿＿＿＿＿＿＿＿＿＿＿＿＿＿＿＿＿＿＿＿＿＿＿

＿＿＿＿＿＿＿＿＿＿＿＿＿＿＿＿＿＿＿＿＿＿＿＿＿

3. dos sustantivos que indican una cosa

＿＿＿＿＿＿＿＿＿＿＿＿＿＿＿＿＿＿＿＿＿＿＿＿＿

＿＿＿＿＿＿＿＿＿＿＿＿＿＿＿＿＿＿＿＿＿＿＿＿＿

Actividades escritas
Copyright © by The McGraw-Hill Companies, Inc.

Artículos y sustantivos

16 Completa con **el** o **la**.

1. _____ familia de Bolívar vivía en _____ campo.

2. Un profesor tuvo mucha influencia en _____ vida de Bolívar.

3. En España Bolívar vivió en _____ palacio de unos parientes.

4. Él recibió _____ título de «_____ Libertador».

5. _____ batalla de Junín y _____ batalla de Ayacucho en _____ mismo año sellaron _____ independencia.

17 Cambia una sola letra para formar una palabra nueva. Luego escribe el artículo que la acompaña y úsala en una oración original.

1. la suerte

_____

_____

2. el puente

_____

_____

3. la lumbre

_____

_____

4. el valle

_____

_____

18 Completa con **el** o **la**.

En _____ clase de geografía vamos a estudiar
                1

_____ planeta Tierra. Vamos a estudiar _____
        2   3

sistema solar y _____ sistema lunar. También vamos a estudiar
                        4

_____ clima y vamos a mirar con frecuencia
        5

_____ mapa del mundo.
        6

Artículos definidos e indefinidos

Adjetivos

19 Contesta.

1. ¿Qué es un artículo definido?

_____

_____

2. ¿Cuáles son los artículos definidos?

_____

_____

3. ¿Qué es un artículo indefinido?

_____

_____

4. ¿Cuáles son los artículos indefinidos?

_____

_____

5. ¿Qué es un adjetivo?

_____

_____

6. ¿Con qué tiene que concordar un adjetivo?

_____

_____

Copyright © by The McGraw-Hill Companies, Inc.

20 Completa con la forma apropiada del adjetivo.

1. Es una escuela _____ pero es muy

_____ . (grande, bueno)

2. Un alumno _____ suele recibir una nota

_____ . (inteligente, alto)

3. El lago tiene agua _____ y el océano tiene agua

_____ . (dulce, salado)

4. La calle es _____ . (ancho)

5. El día es muy _____ . (caluroso)

6. El sistema _____ en España es

_____ . (educativo, diferente)

21 Escribe una descripción breve de tu mejor amigo(a).

_____

_____

_____

_____

_____

_____

_____

_____

_____

El verbo ser

22 Completa con la forma correcta del verbo **ser**.

MUCHACHO: Hola, ¿qué tal?

TÚ: Muy bien, gracias. ¿Y tú?

MUCHACHO: Muy bien, gracias. Tú _____ (name).

1

TÚ: Sí, _____ (your name).

2

MUCHACHO: Tú _____ el/la amigo(a) de Gloria

3
Sánchez, ¿no?

TÚ: Sí, yo _____ un(a) amigo(a) de Gloria

4
Sánchez. Pero, perdón. ¿Quién _____ tú?

5

MUCHACHO: Yo _____ Tomás. Tomás Smith.

6

TÚ: Ay, sí. Tú _____ de Miami, ¿no?

7

MUCHACHO: Sí, yo _____ de Miami. Tú

8
_____ de Ponce, ¿no?

9

TÚ: Sí, yo _____ de Ponce y yo

10
_____ amigo(a) de Gloria también. Ella

11
_____ muy simpática, ¿no?

12

MUCHACHO: Sí, _____ una amiga muy sincera y

13
_____ muy graciosa también.

14

23 Contesta.

1. ¿Quién eres?

_____

2. ¿De dónde eres?

_____

3. ¿De qué nacionalidad eres?

_____

Copyright © by The McGraw-Hill Companies, Inc.

4. ¿Dónde eres alumno(a)?

_____

5. ¿Cómo eres? ¿Qué tipo de persona eres?

_____

6. ¿De quién eres amigo(a)?

_____

Sección 4: Literatura

Lectura

Bolívar de Luis Lloréns Torres

24 Contesta.

    1. ¿De dónde era Luis Lloréns Torres?

_____

    2. ¿Qué profesiones ejerció?

_____

    3. ¿Qué escribió?

_____

    4. ¿De qué canta en su poesía?

_____

_____

    5. ¿Qué describe?

_____

_____

25 ¿Cómo lo dice el poeta?

1. Bolívar ejerció muchas profesiones y todo lo que hizo, lo hizo bien.

_____

_____

2. Él no nació en una nación libre.

_____

_____

3. Él dio la libertad a muchos países.

_____

_____

4. Él era bravo y fuerte.

_____

_____

5. Él era gentil y tenía buenos modales.

_____

_____

6. Él sabía adaptarse fácilmente a las circunstancias del momento.

_____

_____

Lectura

No sé por qué piensas tú de Nicolás Guillén

26 Contesta.

1. ¿De dónde era Nicolás Guillén?

_____

2. ¿En qué año nació?

_____

3. ¿En qué año murió?

_____

Copyright © by The McGraw-Hill Companies, Inc.

4. ¿Cuál es un tema importante de la poesía de Guillén?

_____

_____

5. ¿Qué tienen muchas de sus poesías?

_____

_____

_____

6. ¿De qué habla en otras de sus poesías?

_____

_____

_____

_____

27 Describe.

Para entender esta poesía de Nicolás Guillén, ¿qué fondo histórico tienes que conocer?

_____

_____

_____

_____

_____

28 Describe tu interpretación personal de esta poesía.

_____

_____

_____

_____

_____

Lectura

Soy de aquí de Gina Valdés

29 Contesta.

1. ¿Has estado mareado(a) una vez? ¿Dónde? ¿Por qué?

_____

_____

2. ¿Qué hace un tartamudo?

_____

_____

3. ¿Eres zurdo(a) o escribes con la mano derecha?

_____

_____

30 Escribe lo que sabes de la vida de Gina Valdés.

_____

_____

_____

_____

_____

31 Contesta y explica.

¿Por qué sería posible que una persona como Gina Valdés dijera: «Yo tengo dos pies: uno en Estados Unidos y otro en México»?

_____

_____

_____

_____

_____

Copyright © by The McGraw-Hill Companies, Inc.

Sección 6: Conexión con el inglés

Ser y *to be*

32 Completa.

1. He _____ from San Antonio but she _____ from Austin.

2. I _____ in my freshman year.

3. _____ you a freshman or a sophomore?

4. My father _____ from Cuba, but my mother _____ from Miami.

5. Where _____ you from?

33 Contesta.

1. Who are you?

   _____

2. Where are you from?

   _____

3. What grade are you in?

   _____

4. What kind of student are you?

   _____

Artículos

34 Completa con *a* o *the*.

1. Who is _____ tall boy over there?

2. He is _____ new student.

3. Is he _____ freshman or sophomore?

4. _____ girl with the dark hair is his sister.

5. His sister is _____ really good student.

35 Completa con *a* o *an*.

1. _____ boy from Mexico

2. _____ Mexican

3. _____ girl from Argentina

4. _____ Argentine

5. _____ science class

6. _____ algebra class

7. _____ difficult course

8. _____ easy course

Copyright © by The McGraw-Hill Companies, Inc.

Sección 1

Actividad 1   Escucha.

Actividad 2   Escucha y escribe.

las montañas que atravesó Bolívar

_____

las dos batallas que sellaron la independencia sudamericana

_____

Actividad 3   Escucha y contesta.

Sección 2

Actividad 4   Escucha y escoge.

	CORRECTO	INCORRECTO
1.	☐	☐
2.	☐	☐
3.	☐	☐
4.	☐	☐
5.	☐	☐
6.	☐	☐
7.	☐	☐
8.	☐	☐

Copyright © by The McGraw-Hill Companies, Inc.

Sección 3

Actividad 5   Escucha y escoge.

	MASCULINO	FEMENINO			MASCULINO	FEMENINO
1.	❑	❑		7.	❑	❑
2.	❑	❑		8.	❑	❑
3.	❑	❑		9.	❑	❑
4.	❑	❑		10.	❑	❑
5.	❑	❑		11.	❑	❑
6.	❑	❑		12.	❑	❑

Actividad 6   Repite.

Sección 4

Actividad 7   Escucha.

Actividad 8   Escucha.

Actividad 9   Escucha y escribe.

Lo que los dos tienen en común...

_____

_____

_____

_____

Actividad 10   Escucha.

Copyright © by The McGraw-Hill Companies, Inc.

Capítulo

2

Nosotros

Sección 1: Historia y cultura

Vocabulario para la lectura

1 Forma palabras.

1. abacarel

_____

2. esizuranbar

_____

3. gíniaden

_____

4. cotauónot

_____

5. rimpodrila

_____

2 Completa.

1. Otra palabra que significa «barco» es _____.

2. A los habitantes originales de una región se les llama

«_____» y la lengua que hablan es una lengua

_____.

3. Los campesinos _____ después de vivir unos diez años en la ciudad.

4. El comer cuando uno tiene hambre es un instinto

_____.

Lectura

3 ¿Sí o no? Corrige las oraciones falsas.

1. El idioma que se habla en la mayoría de los países del mundo es el inglés.

_____

_____

2. Los españoles de hoy son una mezcla de razas y pueblos. _____

_____

3. Muy pocos grupos étnicos viven en el mundo hispano. _____

_____

4. A los habitantes de las Américas, Colón llamó erróneamente «indios»

porque creyó que había llegado a la India. _____

_____

5. Es casi cierto que los indígenas de las Américas vinieron de Asia. _____

_____

6. Se cree que los indígenas entraron a la América del Norte cruzando el

estrecho de Gibraltar. _____

_____

7. Antes de la llegada de los españoles a las Américas, no existía ninguna

cultura indígena. _____

_____

8. Un «ladino» es un indígena de ascendencia inca. _____

_____

_____

9. Los «criollos» son los hijos de europeos, en su mayoría españoles, nacidos

en las Américas. _____

_____

Nombre _____ Fecha _____

 4 Contesta.

1. ¿Cuáles son tres países de las Américas que tienen grandes poblaciones indígenas?

_____

_____

_____

2. ¿Por qué llegó a las Américas gente esclavizada de África en 1502?

_____

_____

_____

3. ¿Cuáles son algunos países que tienen una gran población de gente de ascendencia africana?

_____

_____

_____

4. ¿En qué países latinoamericanos predominan los inmigrantes europeos?

_____

_____

_____

5. Además de los españoles, ¿cuáles son otros grupos de ascendencia europea o asiática que viven en países latinoamericanos?

_____

_____

_____

_____

Sección 2: Conocimientos para superar
Conexión con la sociología y la antropología

5 Da una definición.

1. la sociología _____

_____

2. la antropología _____

_____

3. el comportamiento _____

_____

4. las costumbres _____

_____

5. los valores _____

_____

6. las creencias _____

_____

6 Da ejemplos de lo siguiente.

1. costumbres _____

_____

2. valores _____

_____

3. creencias _____

_____

4. grupos _____

_____

Copyright © by The McGraw-Hill Companies, Inc.

7 Contesta.

1. ¿Qué hace un sociólogo? _____

_____

_____

2. ¿Qué hace un antropólogo? _____

_____

_____

8 Indica los grupos a los cuales perteneces.

_____

_____

_____

_____

_____

_____

9 Contesta.

1. ¿De qué país o países son tus antepasados?

_____

_____

2. ¿Cuáles son algunas de sus costumbres, comidas, creencias, fiestas, valores, etc.?

_____

_____

_____

_____

_____

10 Contesta.

1. ¿Qué opinas? ¿Tiene la cultura de tus antepasados una influencia en tu comportamiento? ¿Cómo? ¿Por qué?

_____

_____

_____

_____

_____

2. ¿Qué es el etnocentrismo? _____

_____

_____

_____

3. ¿De qué surge el prejuicio? _____

_____

_____

_____

4. ¿Cómo podemos evitar prejuicios? _____

_____

_____

_____

5. ¿Qué une a una sociedad? _____

_____

_____

_____

Copyright © by The McGraw-Hill Companies, Inc.

Sección 3: Gramática y lenguaje

Adjetivos y sustantivos

11 Contesta.

1. ¿Qué significa «singular»? _____

_____

2. ¿Qué significa «plural»? _____

_____

3. ¿Con qué concuerda en número y género el adjetivo? _____

_____

12 Escribe las oraciones en el singular.

1. Los sociólogos son muy serios.

_____

2. Los habitantes son inteligentes.

_____

3. Esas muchachas son tímidas.

_____

4. Los autores son interesantes.

_____

13 Escribe las oraciones en el plural.

1. Esa lengua es una lengua autóctona.

_____

2. El antropólogo es muy sabio.

_____

3. Mi tía es simpática.

_____

4. Esa flor es bonita.

_____

Sinónimos y antónimos

14 Completa.

1. Palabras que tienen el mismo o un muy parecido significado son

_____.

2. Las palabras que significan lo contrario son _____.

15 Parea los sinónimos.

1. _____ rico   **a.** lindo

2. _____ tímido   **b.** frase

3. _____ guapo   **c.** colegio

4. _____ oración   **d.** adinerado

5. _____ escuela   **e.** culebra

6. _____ serpiente   **f.** holgazán

7. _____ perezoso   **g.** cobarde

16 Parea los antónimos.

1. _____ pobreza   **a.** cobarde

2. _____ valiente   **b.** cerrar

3. _____ frío   **c.** despacio

4. _____ rápido   **d.** vender

5. _____ abrir   **e.** caliente

6. _____ comprar   **f.** perezoso

7. _____ trabajador   **g.** riqueza

Actividades escritas
Copyright © by The McGraw-Hill Companies, Inc.

17 Escribe el párrafo cambiando *Pepita* en *Juan* y sustituyendo cada palabra en letra bastardilla con un antónimo.

Juan es muy *trabajador*. Es un poco *serio* y muy *listo*. Es *alto*, *guapo* y muy *flaco*. Es *rubio* con ojos *claros*.

_____

_____

_____

_____

_____

_____

El verbo ser

18 Completa con la forma apropiada del verbo **ser**.

1. ¿De dónde _____ tú?

2. Yo _____ de Chile.

3. ¿_____ ustedes chilenos también?

4. No, nosotros _____ peruanos.

5. Mi padre _____ de España.

19 Cambia las oraciones de la Actividad 18 del singular en el plural o viceversa.

1. _____

2. _____

3. _____

4. _____

5. _____

Nombre _____ Fecha _____

Pronunciación y ortografía—Las vocales e, i

20 Escribe cada palabra tres veces.

1. león _____

2. decir _____

3. mismo _____

4. vinieron _____

5. corregir _____

6. decidir _____

7. medicina _____

8. elegir _____

9. servir _____

10. recibir _____

11. manejar _____

12. policía _____

13. pedir _____

14. encontrar _____

Actividades escritas
Copyright © by The McGraw-Hill Companies, Inc.

Sección 4: Literatura
Vocabulario para la lectura

21 Da una definición.

1. ágil

_____

2. fornido

_____

3. el acontecimiento

_____

4. recio

_____

5. desbarbado

_____

6. crecido

_____

7. desenvuelto

_____

8. alentados

_____

9. atrevido

_____

22 Escribe un párrafo usando cinco de los adjetivos de la Actividad 21 para describir a un héroe o amigo(a) tuyo(a).

_____

_____

_____

_____

_____

Lectura

La araucana de Alonso Ercilla y Zúñiga

23 Contesta.

1. ¿De dónde es el autor?

_____

2. ¿Cuántos años tenía cuando llegó a las Américas?

_____

3. ¿En qué tomó parte?

_____

4. Después de pasar a Chile, ¿contra quiénes luchó?

_____

5. ¿Qué hacía el autor mientras escribía el poema?

_____

6. ¿A quién dedicó el poema?

_____

7. ¿Qué tiene de único esta epopeya o poema épico?

_____

_____

_____

Lectura

me llamo Rigoberta Menchú y así me nació la conciencia de Rigoberta Menchú

24 ¿Sí o no? Corrige las oraciones falsas.

1. La población indígena es mayoritaria en algunos países latinoamericanos.

_____

2. Las poblaciones indígenas suelen ser adineradas y poderosas.

_____

_____

3. Fray Bartolomé de las Casas fue un defensor de los indígenas en México en el siglo XVI. _____

_____

4. Hoy los indígenas no tienen que luchar por nada. _____

_____

5. Rigoberta Menchú pertenece a los incas de Perú. _____

_____

6. El Quiché es un estado en el norte de Guatemala. _____

_____

7. Elizabeth Burgos redactó la historia que Rigoberta le contó.

_____

_____

8. La historia de Rigoberta encarna su vida propia—como ella se urbanizó.

_____

_____

9. Rigoberta Menchú nos habla de la importancia de la naturaleza en la vida de los quichés.

_____

_____

10. En 1992, ella recibió el Premio Nóbel de Literatura.

_____

_____

25 Escribe en tus propias palabras un resumen del fragmento de Rigoberta Menchú.

_____

_____

_____

_____

_____

Vocabulario para la lectura

26 Da una definición.

1. el látigo

_____

_____

2. la brújula

_____

_____

3. el mástil

_____

_____

4. sacudir

_____

_____

5. amargo

_____

_____

6. encadenado

_____

_____

Copyright © by The McGraw-Hill Companies, Inc.

Lectura

Contribución de Adalberto Ortiz

27 Contesta.

1. ¿Dónde nació el autor?

_____

_____

2. ¿Cuándo?

_____

_____

3. ¿Cómo se divide étnicamente su país?

_____

_____

_____

_____

4. ¿Cómo es la costa del Pacífico?

_____

_____

5. ¿Cuál es el tema dominante de las obras de Adalberto Ortiz?

_____

_____

_____

_____

6. ¿Qué expresa Ortiz en su poema *Contribución*?

_____

_____

_____

_____

28 Comprensión

1. Contrasta los temas de *Contribución* y *Yo no sé*.

_____

_____

_____

_____

_____

_____

_____

2. ¿Conoces la música *rap*? Trata de escribir tus ideas sobre estas dos poesías usando las técnicas de *rap*. A ver si puedes usar el lenguaje de *Yo no sé*. Luego, canta lo que has escrito.

_____

_____

_____

_____

_____

_____

_____

_____

Copyright © by The McGraw-Hill Companies, Inc.

Sección 6: Conexión con el inglés

Sustantivos y adjetivos

29 Escribe en el plural.

1. the school _____

2. the class _____

3. the boy and the girl _____

4. the park _____

5. the bench _____

6. the lunch _____

7. the sandwich _____

8. the street _____

9. the house _____

10. the city _____

11. the library _____

12. the country _____

Ser y *to be*

30 Escribe cada oración de nuevo.

1. I am in first-year Spanish.

   We _____.

2. They are in the same class.

   She _____.

3. The class is pretty big.

   The classes _____.

4. We are ready.

   I _____.

5. They are good friends.

   We _____.

Contracciones

31 Escribe con contracciones cuando posible.

1. *He is* not Spanish.

_____

2. He *is not* Spanish.

_____

3. *He is* Mexican American.

_____

4. *We are* not in the same class.

_____

5. We *are not* in the same class.

_____

6. *They are* not friends.

_____

7. They *are not* friends.

_____

8. *I am* not from here.

_____

9. I *am not* from here.

_____

Vicios o barbarismos

32 Escribe una pregunta.

1. I am from California.

Excuse me, _____?

2. I'm Carlos Morales.

Excuse me, _____?

Actividades escritas
Copyright © by The McGraw-Hill Companies, Inc.

Sección 1

Actividad 1   Repite.

Sección 3

Actividad 2   Escucha y escribe.

1. Federico es _____.

2. La lección es _____.

3. Ella es muy _____.

4. Queda _____.

5. Ella es _____.

6. Es una calle _____.

7. Ella es muy _____.

8. Es _____.

Actividad 3   Escucha y repite.

Actividad 4   Escucha y escribe.

1. _____   6. _____

2. _____   7. _____

3. _____   8. _____

4. _____   9. _____

5. _____

Sección 4

Actividad 5   Escucha.

Actividad 6   Escucha.

Actividad 7   Escucha y completa.

1. África, África, África

    tierra madre, verde sol

    en largas filas de _____

    esclavos negros mandó.

2. Qué trágica fue la _____

    que nuestra ruta guió.

3. Qué _____ fueron los dátiles

    que nuestra boca encontró.

4. Siempre han partido los _____

    nuestra espalda de Cascol

    y con nuestras manos ágiles

    tocamos guasa y bongó.

5. _____ sus sones bárbaros

    a los blancos, a los de hoy,

    invade la sangre cálida

    de la raza de color,

6. porque el alma, la de África

    que _____ llegó

    a esta tierra de América

    canela y candela dio.

Actividad 8   Escucha.

Copyright © by The McGraw-Hill Companies, Inc.

Capítulo

3

Cuentos

Sección 1: Historia y cultura

Vocabulario para la lectura

1 Da la palabra cuya definición sigue.

1. _____ persona que no puede oír ni hablar

2. _____ negocio, compañía, sociedad

3. _____ sobresalir

4. _____ diseñador de ropa

5. _____ relativo al nacimiento, nativo

6. _____ que no tiene para donde vivir; sin casa

7. _____ hecho, producido

8. _____ ropa blanca en general y, especialmente, ropa interior

9. _____ arte de coser para hacer trajes elegantes

Lectura

2 ¿Sí o no? Corrige las oraciones falsas.

1. Óscar de la Renta es un diseñador famoso.

_____

_____

2. Nació en Cuba.

_____

_____

3. Ha pasado la mayoría de su vida en Europa.

_____

_____

4. De joven fue a España donde trabajó con Balenciaga en Madrid.

_____

_____

5. Después fue a París donde se destacó en el diseño de trajes de baño.

_____

_____

6. París es la capital mundial de la moda.

_____

_____

7. Empezó a diseñar para la famosa modista Elizabeth Arden en Nueva York.

_____

_____

8. Luego, cuando estableció su propia empresa, no tuvo ningún éxito.

_____

_____

9. Fundó un equipo de béisbol dominicano.

_____

_____

10. Después de la muerte de su esposa, cuidó personalmente a un niño abandonado.

_____

_____

3 Escribe un resumen de la respuesta que le dio el señor de la Renta a la siguiente pregunta del entrevistador. **La fama, ¿ha cambiado en algo tu forma de ser?**

_____

_____

_____

_____

_____

_____

Actividades escritas
Copyright © by The McGraw-Hill Companies, Inc.

Sección 2: Conocimientos para superar
Conexión con la literatura

4 Describe las diferencias.

1. la novela y el cuento

_____

_____

_____

_____

2. una narración realista y una narración fantástica

_____

_____

_____

5 Identifica.

1. el argumento _____

_____

2. el protagonista _____

_____

3. el lugar o el ambiente _____

_____

4. el diálogo _____

_____

5. verosímil _____

_____

_____

Sección 3: Gramática y lenguaje

Analizando una oración

6 Contesta.

    1. ¿Qué es una oración?

_____

_____

_____

    2. ¿De qué consta cada oración?

_____

_____

_____

    3. ¿Qué es el sujeto?

_____

_____

_____

    4. ¿Qué es el predicado?

_____

_____

_____

    5. ¿Qué es una oración declarativa?

_____

_____

_____

    6. ¿Qué es una oración interrogativa?

_____

_____

_____

Copyright © by The McGraw-Hill Companies, Inc.

7 ¿Sí o no? Indica si es una oración o no.

	SÍ	NO
1. Voy al supermercado.	❑	❑
2. Los calcetines y zapatos.	❑	❑
3. Los niños desamparados.	❑	❑
4. El autor es muy famoso.	❑	❑
5. Su novela larga.	❑	❑
6. Compramos muchos libros.	❑	❑
7. Una librería popular.	❑	❑

8 Ahora añade lo necesario para hacer oraciones de las que no son completas en la Actividad 7.

1. _____

_____

2. _____

_____

3. _____

_____

4. _____

_____

5. _____

_____

6. _____

_____

7. _____

_____

Copyright © by The McGraw-Hill Companies, Inc.

9 Cambia cada oración declarativa en una oración interrogativa.

1. El señor de la Renta ayuda a muchos niños pobres.

_____

_____

_____

2. Lupita es una chica popular.

_____

_____

_____

3. El autor escribió muchas novelas.

_____

_____

_____

4. Su amigo es futbolista.

_____

_____

_____

5. Su pueblo natal es pintoresco.

_____

_____

_____

Copyright © by The McGraw-Hill Companies, Inc.

Sección 4: Literatura
Vocabulario para la lectura

10 Da una definición.

1. palpar _____

_____

2. frotar _____

_____

3. retroceder _____

_____

4. el agujero _____

_____

5. reflexionar _____

_____

6. el farol _____

_____

7. convencerse _____

_____

8. el timbre _____

_____

9. ejemplar _____

_____

10. desprendido _____

_____

11. inadvertido _____

_____

Lectura

Una moneda de oro de Francisco Monterde

11 Contesta.

1. ¿Cuándo nació el autor del cuento? _____

2. ¿Dónde nació? _____

3. Además de cuentos, ¿qué más escribió? _____
   _____

4. ¿En qué país tiene lugar el cuento *Una moneda de oro*? _____
   _____

5. ¿Es famoso este cuento? _____
   _____

6. ¿Cuál es su mérito? _____
   _____

12 Identifica.

1. el protagonista del cuento _____
   _____

2. el ambiente y el tiempo _____
   _____

3. como se desarrolla el cuento _____
   _____

4. los elementos de suspenso _____
   _____

5. el punto decisivo _____
   _____

6. el clímax _____
   _____

7. el desenlace _____
   _____

Copyright © by The McGraw-Hill Companies, Inc.

Sección 6: Conexión con el inglés

Una oración

13 ¿Sí o no? Indica si es una oración completa.

	sí	NO
1. He's not from here.	☐	☐
2. In Spanish class.	☐	☐
3. Our Spanish teacher is from Mexico.	☐	☐
4. From Guadalajara.	☐	☐
5. Sometimes we sing in class.	☐	☐
6. Mexican songs.	☐	☐

Letras mayúsculas

14 Corrige cuando necesario.

1. Who is the president of that country? _____

_____

_____

2. My grandfather knew president Reagan. _____

_____

_____

3. We all love aunt Mary. _____

_____

_____

4. I think his aunt Mary is coming today. _____

_____

_____

Copyright © by The McGraw-Hill Companies, Inc.

5. We speak spanish and english. _____

_____

_____

6. I love mexican art and literature. _____

_____

_____

7. There are many cubans in Miami. _____

_____

_____

8. The novel *gone with the wind* is quite famous. _____

_____

_____

9. They're leaving on tuesday. _____

_____

_____

10. I think thursday is the first of october. _____

_____

_____

Los prefijos

15 Escribe una palabra con un prefijo.

1. not possible

_____

2. not probable

_____

Copyright © by The McGraw-Hill Companies, Inc.

Sección 1

Actividad 1   Escucha y escoge.

	CORRECTA	INCORRECTA
1.	❑	❑
2.	❑	❑
3.	❑	❑
4.	❑	❑
5.	❑	❑

Sección 2

Actividad 2   Escucha y escoge.

	CORRECTA	INCORRECTA
1.	❑	❑
2.	❑	❑
3.	❑	❑
4.	❑	❑
5.	❑	❑

Copyright © by The McGraw-Hill Companies, Inc.

Nombre _____ Fecha _____

Sección 3

Actividad 3   Escucha y escribe.

1. _____

2. _____

3. _____

4. _____

5. _____

Sección 4

Actividad 4   Escucha.

Actividad 5   Escucha y escribe.

_____

_____

_____

_____

_____

Actividad 6   Escucha.

Actividades auditivas
Copyright © by The McGraw-Hill Companies, Inc.

Capítulo

4

Poesía

Nombre _____ Fecha _____

Sección 1: Historia y cultura
Vocabulario para la lectura

 Pon las siguientes letras en orden para formar palabras del vocabulario.

1. ofredia _____

2. llantera _____

3. adued _____

4. lesro _____

5. duñapo _____

6. jalognasón _____

2 Da una definición.

1. el puñado

_____

_____

2. la deuda

_____

_____

3. anglosajón

_____

_____

4. feriado

_____

_____

5. soler

_____

_____

6. estallar

_____

_____

Lectura

3 ¿Sí o no? Corrige las oraciones falsas.

1. En algunos países latinoamericanos hay clases los sábados.

_____

_____

2. El Cinco de Mayo es el Día de la Independencia de México.

_____

_____

3. Las tropas mexicanas ganaron la batalla de Puebla contra los españoles.

_____

_____

4. El Cinco de Mayo también se celebra en Texas donde hay música, bailes y buena comida de índole mexicana.

_____

_____

5. El Día de la Independencia de México es el 16 de septiembre.

_____

_____

6. El 15 de septiembre un sacerdote humilde se sublevó contra los españoles y con un puñado de indígenas dio «el Grito de Dolores».

_____

_____

Copyright © by The McGraw-Hill Companies, Inc.

Contesta.

    1. ¿Dónde se celebra el Día de San Juan? _____

_____

_____

    2. ¿Por qué se celebra allí? _____

_____

_____

    3. ¿En qué día se celebra la fiesta? _____

_____

_____

    4. ¿Dónde tienen lugar las festividades? _____

_____

_____

    5. ¿Qué hacen los sanjuaneros a la medianoche? _____

_____

_____

    6. ¿Por qué hacen esto?, Y, ¿cuántas veces lo hacen? _____

_____

_____

5 Da tu interpretación personal de la palabra raza en «el Día de la Raza».
¿Cómo se celebra este día festivo?

_____

_____

_____

_____

_____

_____

Sección 2: Conocimientos para superar
Conexión con la literatura

6 Contesta.

1. ¿Cuáles son los tres grandes géneros de obras literarias?

_____

_____

2. ¿Qué expresa el autor en una obra lírica?

_____

_____

3. ¿Qué tipo de obras pertenecen a este género?

_____

_____

4. ¿Qué expresa el autor en una obra narrativa?

_____

_____

5. ¿Cómo se escribe la narrativa?

_____

_____

6. ¿Cuál es el medio de expresión en una obra teatral?

_____

_____

7. ¿Qué establece la mayor diferencia entre la prosa y la poesía?

_____

_____

8. ¿Qué surge del ritmo musical de una poesía?

_____

_____

Copyright © by The McGraw-Hill Companies, Inc.

9. ¿Cuál sería una definición de «poesía»?

_____

_____

_____

10. Además de verso, ¿cuál es otra forma en que se puede expresar poesía?

_____

_____

7 Identifica.

1. un verso

_____

_____

2. la medida

_____

_____

3. una estrofa

_____

_____

4. el ritmo

_____

_____

5. la rima

_____

_____

Sección 3: Gramática y lenguaje

Verbos

8 Contesta.

1. ¿Qué expresa el verbo en una oración?

_____

_____

_____

2. ¿Qué es un morfema lexical?

_____

_____

_____

3. ¿Qué significan «los morfemas gramaticales»?

_____

_____

_____

9 Subraya el morfema lexical con una línea y el morfema gramatical con dos líneas.

1. cantamos   **6.** compro

2. miro   **7.** habla

3. hablas   **8.** llegan

4. estudia   **9.** estamos

5. bailan   **10.** gastas

Copyright © by The McGraw-Hill Companies, Inc.

Verbos regulares—la primera conjugación

10 Escribe el sujeto o los sujetos de los verbos de la Actividad 9.

1. _____   6. _____

2. _____   7. _____

3. _____   8. _____

4. _____   9. _____

5. _____   10. _____

11 Cambia el infinitivo de cada verbo a la persona indicada usando la terminación apropiada del presente.

1. hablar (yo)

_____

2. cantar (usted)

_____

3. llegar (tú)

_____

4. pagar (ellos)

_____

5. necesitar (él)

_____

6. mirar (nosotros)

_____

7. comprar (yo)

_____

8. trabajar (ustedes)

_____

9. estudiar (tú)

_____

10. tomar (nosotros)

_____

12 Escribe una oración original usando cada verbo de la Actividad 11.

1. _____

_____

2. _____

_____

3. _____

_____

4. _____

_____

5. _____

_____

6. _____

_____

7. _____

_____

8. _____

_____

9. _____

_____

10. _____

_____

Copyright © by The McGraw-Hill Companies, Inc.

Verbos irregulares

13 Escribe la forma correcta del verbo indicado.

1. Yo _____ a la escuela temprano. (ir)

2. Nosotros le _____ las gracias al profesor. (dar)

3. ¿Cuándo _____ tú en casa? (estar)

4. Yo le _____ un regalo a mi tía. (dar)

5. Él no _____ al cine con nosotros. (ir)

6. Ustedes _____ en el mercado. (estar)

Contracciones

14 Completa con la forma correcta de la preposición **a** o **de**.

1. Yo voy _____ mercado y ustedes vienen

   _____ mercado.

2. Yo voy _____ fiesta y ustedes vienen _____
   fiesta.

3. Yo voy _____ biblioteca y ustedes vienen

   _____ biblioteca.

4. Yo voy _____ iglesia y ustedes vienen _____
   iglesia.

5. Yo voy _____ parque y ustedes vienen _____
   parque.

6. Yo voy _____ cine y ustedes vienen _____
   cine.

7. Yo voy _____ plaza y ustedes vienen _____
   plaza.

Sección 4: Literatura
Vocabulario para la lectura

15 Da la palabra cuya definición sigue.

1. _____ feliz

2. _____ lograr, obtener

3. _____ calidad de una persona que piensa y actúa con buen juicio y moderación

4. _____ regalo, dádiva

5. _____ derramar, vaciar un líquido de un recipiente

6. _____ hacer que cese el fuego, apagar el fuego

7. _____ calidad de una persona que no teme el peligro

8. _____ dar, otorgar

9. _____ grupo de personas que acompaña una persona célebre, *(figurativa)* efecto o consecuencia de algo

Lectura

El himno cotidiano de Gabriela Mistral

16 Contesta.

1. ¿Quién es la poeta latinoamericana más renombrada del siglo XX?

_____

_____

2. ¿Cuál es su verdadero nombre?

_____

_____

3. ¿Dónde nació?

_____

_____

Copyright © by The McGraw-Hill Companies, Inc.

4. ¿Cuál era su carrera profesional?

_____

_____

5. ¿Qué lleva su nombre?

_____

_____

6. ¿Qué es la Patagonia?

_____

_____

7. ¿Qué hizo Gabriela Mistral allí?

_____

_____

8. ¿Qué le dejó un sello de desolación y tristeza a la poetisa?

_____

_____

9. ¿Dónde sirvió de delegada chilena?

_____

_____

10. ¿De quiénes fue amiga durante toda su vida?

_____

_____

11. ¿A quiénes les dio el dinero que recibió por una colección de sus poesías?

_____

_____

12. ¿Qué ganó en 1945?

_____

_____

17 Explica.

1. ¿Qué ruega recibir del Señor en este «nuevo día»?

_____

_____

_____

2. ¿Cuáles son las cualidades del «don» que pide?

_____

_____

_____

3. ¿A qué edad pertenece este don?

_____

_____

_____

4. ¿Qué «cosecha» quiere para la «ancianidad»?

_____

_____

_____

5. ¿Qué le hará dichoso al fin del día? (Nombra cinco cosas.)

_____

_____

_____

_____

_____

Copyright © by The McGraw-Hill Companies, Inc.

Lectura

Rima de Gustavo Adolfo Bécquer

18 Contesta.

1. ¿Por qué se considera a Gustavo Adolfo Bécquer el mejor poeta lírico del siglo XIX español?

_____

_____

_____

2. ¿Cuáles son los temas de su poesía?

_____

_____

_____

3. ¿Qué nos presenta Bécquer en sus *Rimas*?

_____

_____

_____

4. ¿Qué le pasó en su niñez?

_____

_____

_____

5. ¿Tuvo un matrimonio feliz?

_____

_____

_____

19 Explica.

1. ¿Por qué está tan contento el hablante?

_____

_____

_____

2. ¿A quién vio?

_____

_____

_____

3. ¿Qué hizo esta persona?

_____

_____

_____

_____

4. ¿Por qué dice «Hoy creo en Díos»?

_____

_____

_____

_____

Actividades escritas
Copyright © by The McGraw-Hill Companies, Inc.

Sección 6: Conexión con el inglés

Posesión

 20 Sigue el modelo.

Whose book? (John) →
John's book

1. Whose house? (Carol)

_____

2. Whose school? (Bill)

_____

3. Whose CDs? (my friend)

_____

4. Whose lunch? (the boy)

_____

5. Whose car? (my mother)

_____

6. Whose pencil? (the teacher)

_____

7. Whose books? (the teachers)

_____

8. Whose house? (the Marshalls)

_____

9. Whose dog? (my cousin)

_____

10. Whose cat? (my cousins)

_____

El significado de a y en

21 Completa con *in, on, at, to* o *by*.

1. We always go _____ bus.

2. He's _____ school now.

3. He's not _____ the bus.

4. I spoke _____ Helen.

5. I spoke _____ Helen yesterday _____ 4 o'clock.

6. I spoke to her _____ the phone.

7. They're not _____ home now.

8. They'll be home _____ 5 o'clock.

9. We are going _____ the airport.

10. We want to be _____ the airport when their flight arrives.

11. Little _____ little he's learning to be _____ time.

12. Someone is knocking. Who's _____ the door?

Copyright © by The McGraw-Hill Companies, Inc.

Sección 2

Actividad 1   Escucha.

Actividad 2   Escucha y escoge.

	LÍRICO	NARRATIVO	TEATRAL
1.	❏	❏	❏
2.	❏	❏	❏
3.	❏	❏	❏
4.	❏	❏	❏
5.	❏	❏	❏

Actividad 3   Escucha y repite.

Actividad 4   Escucha.

Actividad 5   Escucha y repite.

Sección 3

Actividad 6   Escucha y contesta.

Nombre _____ Fecha _____

Actividad 7 Escucha y escribe.

_____

_____

_____

_____

_____

_____

Sección 4

Actividad 8 Escucha.

Actividad 9 Escucha.

Copyright © by The McGraw-Hill Companies, Inc.

Capítulo

5

En casa o en el café

Sección 1: Historia y cultura

Lectura

1 Contesta.

1. ¿Cómo pasa tu familia el día?

_____

_____

2. ¿Dónde comen el almuerzo los miembros de tu familia?

_____

_____

3. ¿Cenan todos juntos todos los días?

_____

_____

4. ¿Qué hacían antes en los países latinoamericanos y en España durante el almuerzo?

_____

_____

5. ¿Cómo han cambiado las costumbres hoy en día?

_____

_____

6. ¿Por qué? ¿Qué está exigiendo estos cambios?

_____

_____

7. ¿Dónde suele comer el almuerzo la gente hoy en día?

_____

_____

2 Contrasta el área donde vive la gente en Estados Unidos y en Latinoamérica o España.

_____

_____

_____

_____

_____

3 Da una definición.

1. una choza _____

_____

2. los acomodados _____

_____

3. una autopista _____

_____

4. un tapón _____

_____

5. regresar _____

_____

6. un bocadillo _____

_____

7. los suburbios _____

_____

8. un barrio _____

_____

9. la cantina _____

_____

Actividades escritas
Copyright © by The McGraw-Hill Companies, Inc.

Sección 2: Conocimientos para superar
Conexión con las finanzas

4 Contesta.

1. lo que significa «Poderoso caballero es don dinero»

_____

_____

2. lo que quiere decir un estadounidense al decir «el dinero habla» o «el dinero abre puertas»

_____

_____

3. la importancia de un presupuesto

_____

_____

4. lo que son «ingresos»

_____

_____

5. lo que son «egresos»

_____

_____

5 Da una definición.

1. comprar a plazos _____

_____

2. un pronto _____

_____

3. el interés _____

_____

4. un consumidor inteligente _____

_____

5. un préstamo _____

_____

6. una hipoteca _____

_____

7. una factura _____

_____

8. una chequera _____

_____

9. La Bolsa de Valores _____

_____

6 Contesta.

1. ¿Has usado alguna vez el cajero automático? Escribe en tus propias palabras, ¿cómo se hace una transacción bancaria usando el cajero automático?

_____

_____

_____

2. ¿Qué se hace para cambiar dinero en un país extranjero usando el cajero automático?

_____

_____

3. ¿Qué es un «pin» o código? _____

_____

_____

4. ¿Cómo se retira el monto de tu cuenta? _____

_____

_____

Copyright © by The McGraw-Hill Companies, Inc.

7 Identifica.

1. el autor de *El libro de buen amor*

_____

2. el siglo en que lo escribió

_____

3. un hombre torpe

_____

4. un cojo

_____

5. un mudo

_____

8 Explica.

1. lo que le sucede al torpe si tiene dinero

_____

_____

2. y al cojo

_____

_____

3. y al mudo

_____

_____

4. al hombre necio y rudo labrador

_____

_____

9 Contesta.

1. ¿Qué significa «Cuanto más algo tiene, tanto es de más valor; / El que no ha dineros, no es de sí señor.»?

_____

_____

_____

_____

_____

_____

2. ¿Estás de acuerdo con el punto de vista del autor? Defiende tus opiniones.

_____

_____

_____

_____

_____

_____

Actividades escritas
Copyright © by The McGraw-Hill Companies, Inc.

Sección 3: Gramática y lenguaje

Los verbos en -er e -ir

10 Identifica.

1. el número de clases o conjugaciones de verbos en español

   _____

2. lo que determina la conjugación a la cual pertenece el verbo

   _____

3. la(s) forma(s) de los verbos de segunda y tercera conjugaciones
   que son diferentes

   _____

   _____

   _____

11 Completa con la forma correcta del presente del verbo indicado.

1. Yolanda les _____ muchas cartas a
   sus amigos. (escribir)

2. Nosotros _____ la lección. (comprender)

3. Ellos _____ en la calle Mayor. (vivir)

4. Tú _____ un regalo. (recibir)

5. Nosotros _____ quedarnos en casa. (decidir)

6. Yo _____ mucho en clase. (aprender)

7. Usted _____ mucho. (comer)

8. Nosotros _____ dos libros. (leer)

9. Tú _____ el saldo del banco. (recibir)

10. Él _____ su composición. (escribir)

12 Escribe una oración completa, en el presente, usando el morfema gramatical correcto para la persona indicada.

1. abrir (yo)

_____

2. comer (usted)

_____

3. aprender (tú)

_____

4. vivir (nosotros)

_____

5. escribir (ustedes)

_____

6. comprender (nosotros)

_____

7. recibir (tú)

_____

8. leer (ellos)

_____

Sustantivos que comienzan en -a acentuada

13 Forma oraciones

1. hacha / ser / arma / peligroso _____

_____

2. hadas / a veces / tener / arpa _____

_____

3. me / gusta / música / arpa _____

_____

4. áreas / alrededor de / capital / ser / bonito _____

_____

Actividades escritas
Copyright © by The McGraw-Hill Companies, Inc.

14 Completa con el artículo definido apropiado.

1. _____ alma

2. _____ alarma

3. _____ agua

4. _____ altura

5. _____ avispa

6. _____ ala

7. _____ alabanza

15 Forma un sustantivo compuesto y pon el artículo definido.

1. pasar   tiempo

_____

2. que   hacer

_____

3. espantar   pájaros

_____

4. alta   voz

_____

5. guardar   fango

_____

6. lavar   manos

_____

7. quitar   sol

_____

8. salvar   vidas

_____

Sección 4: Literatura

Vocabulario para la lectura

16 Da la palabra cuya definición sigue

1. _____ hablar en voz muy baja

2. _____ enojado

3. _____ paño para limpiar y secar los platos

4. _____ rogar

5. _____ unir unas cosas con otras, añadir

6. _____ apaciblemente, suavemente

7. _____ diligente, deseoso de servir

8. _____ repugnancia

Lectura

Olor a cacao de José de la Cuadra

17 ¿Sí o no? Corrige las oraciones falsas.

1. José de la Cuadra es un cuentista ecuatoriano. _____

_____

2. Nació en Guayaquil en 1903. _____

_____

3. Murió en Madrid en 1941. _____

_____

4. Hizo estudios de medicina y fue parte de un grupo literario importante en Ecuador.

_____

_____

5. En sus cuentos él escribe de la vida del interior de Ecuador.

_____

_____

Copyright © by The McGraw-Hill Companies, Inc.

6. *Olor a cacao* tiene lugar en un café humilde y rústico de Guayaquil.

_____

_____

7. Un señor de Guayaquil entra en el café rústico. _____

_____

8. La muchacha que trabaja en el café es de la misma región que el señor.

_____

_____

9. La muchacha está contenta de estar lejos de su pequeño pueblo natal.

_____

_____

18 Contesta.

1. ¿De dónde es el señor que entra en el café? _____

_____

2. ¿Por qué está triste el señor? _____

_____

3. ¿De dónde es la muchacha (la mesera)? _____

_____

4. ¿Qué dice la patrona sobre el reservado? _____

_____

5. ¿Es verdad? _____

_____

6. ¿Le cobra la muchacha por su café? ¿Por qué? _____

_____

7. ¿Cuánto colocó la muchacha en el mostrador? _____

_____

8. ¿De dónde vino el dinero? _____

_____

9. ¿En qué pensaba la muchacha al terminar el cuento? _____

_____

10. ¿Qué le rogaba a Dios? _____

_____

Sección 6: Conexión con el inglés

Verbos en el tiempo presente

19 Escribe la oración de nuevo con el sujeto indicado.

1. I speak Spanish.

She _____.

2. We live in El Paso.

He _____.

3. They always push.

He _____.

4. We always finish on time.

She _____.

20 Cambia *I* en *he*.

1. I hurry.

_____

2. I cry.

_____

3. I try hard.

_____

4. I fly a lot.

_____

21 Completa.

1. What language _____ he speak?

   He _____ Spanish.

2. Where _____ they live?

   They _____ in California.

3. Where _____ she work?

   She _____ in Los Angeles.

4. How _____ you go to school?

   We _____ by bus.

5. What time _____ you arrive at school?

   We _____ at eight.

22 Contesta.

1. What language is she speaking now?

   _____

2. What courses are you taking this year?

   _____

3. What book are you reading now?

   _____

Contracciones

23 Contesta.

1. Who prepares dinner at your house?

   _____

2. Is he/she preparing dinner now?

   _____

   _____

3. Do you work a lot?

   _____

4. Are you working now?

_____

5. Does your brother talk a lot on the phone?

_____

6. Is he talking on the phone now?

_____

24 Completa. Usa contracciones.

1. Is she speaking Spanish?

No, _____ Italian.

2. Is he working at home?

No, _____ at the office.

3. Are they leaving today?

No, _____ tomorrow.

4. Are you sending a letter?

No, _____ an e-mail.

25 Completa. Usa contracciones.

1. Where's her boyfriend?

_____ at home.

2. What's your sister doing?

_____ working.

3. Where's your book?

_____ on the table.

4. Where's their house?

_____ on Main Street.

5. At what time is your Spanish class?

_____ at 9:30.

6. How's your Spanish teacher?

_____ nice.

Copyright © by The McGraw-Hill Companies, Inc.

Sección 2

Actividad 1   Escucha y repite.

un presupuesto	un enganche
dinero disponible	pagar a plazos o a cuotas
gastos o egresos	con facilidades de pago
ingresos o rentas	la tasa de interés
facturas o cuentas	el préstamo
el sueldo o el salario	el préstamo a largo plazo
la hipoteca	el préstamo a corto plazo
cuentas de ahorros	el deudor
cuentas bancarias	el acreedor
inversiones	una cuenta corriente
bonos o títulos	pagar con cheque
acciones	retirar dinero electrónicamente
dividendos o intereses	el cajero automático
conciliar el saldo	transacciones bancarias
el déficit	depositar fondos
comprar a plazos	el monto
un pago inicial	un recibo

Actividad 2   Escucha.

Sección 3

Actividad 3   Escucha y escribe.

1. _____

2. _____

3. _____

4. _____

5. _____

6. _____

7. _____

8. _____

Actividad 4   Escucha y repite.

Actividad 5   Escucha y escribe.

1. _____   4. _____

2. _____   5. _____

3. _____   6. _____

Actividad 6   Escucha y repite.

Actividad 7   Escucha y escribe.

1. He _____ con _____.

2. Han comido _____ _____.

3. Han _____ el _____ con

   _____.

4. ¿_____ está _____?

5. La _____ está en la _____.

Sección 4

Actividad 8   Escucha.

Actividad 9   Contesta.

1. _____

2. _____

3. _____

4. _____

5. _____

6. _____

7. _____

Copyright © by The McGraw-Hill Companies, Inc.

Capítulo

6

El hogar y la familia

Sección 1: Historia y cultura

Vocabulario para la lectura

1 Da una definición.

1. asumir _____

_____

2. enlazarse _____

_____

3. el lazo _____

_____

4. dispuesto _____

_____

Lectura

2 Contesta.

1. ¿Cuál es una de las instituciones básicas de la sociedad?

_____

_____

_____

2. ¿Es importante la familia en las culturas latinas o hispanas?

_____

_____

_____

3. ¿Qué es el compadrazgo?

_____

_____

_____

4. ¿Cuándo comienza esta relación?

_____

_____

_____

5. ¿Cuál será una posible responsabilidad de los padrinos?

_____

_____

_____

6. ¿Por qué no es raro que un dueño de grandes negocios o tierras tenga muchos(as) ahijados(as)?

_____

_____

_____

7. ¿Cuál es una consecuencia del aumento en el número de divorcios?

_____

_____

_____

3 Identifica.

1. el padrino o la madrina _____

_____

_____

2. el padrastro o la madrastra _____

_____

3. el/la hermanastro(a) _____

_____

_____

Copyright © by The McGraw-Hill Companies, Inc.

Sección 2: Conocimientos para superar
Conexión con las finanzas—Los seguros

4 Describe como se han desarrollado los seguros desde los tiempos prehistóricos hasta el presente.

_____

_____

_____

_____

5 Da una definición.

1. el asegurado _____

_____

2. el beneficiario _____

_____

3. una póliza _____

4. la prima _____

_____

5. el monto _____

_____

6. el actuario _____

7. la indemnización _____

_____

8. el deducible _____

_____

9. gravable _____

_____

6 Identifica.

1. Seguro Social

_____

_____

2. seguros de responsabilidad civil (automóvil, catástrofes naturales, robos, etc.)

_____

_____

3. seguros médicos

_____

_____

4. seguro de vida

_____

_____

Sección 3: Gramática y lenguaje

El verbo tener

7 Escribe la forma apropiada del verbo **tener**.

—¿_____ ustedes bastante dinero para pagar la cuenta?
     1

—No, nosotros sólo _____ la mitad.
                    2

—Pues, yo _____ cinco dólares. ¿Cuánto
           3

_____ tú, María?
4

—Ella _____ seis dólares más. Ahora nosotros
       5

_____ bastante para pagar la cuenta, pero no
6

podemos dejar nada para la propina. ¡Van a pensar que somos muy tacaños!

La puntuación

8 Escribe los signos de puntuación apropiados.

1. Vamos a viajar a San José California

2. Mi tío Andrés vive allí con sus padres abuelos sobrinos e hijos

3. Dónde vives tú

4. Elena mi mejor amiga es la bibliotecaria de una escuela en San Antonio Texas

5. Qué lindas son las flores en tu jardín Pepe

6. Mamá compró usted un vestido nuevo

7. Cuántos años tiene el señor García

8. Ojalá que vengan a mi fiesta

9. Manuel el hijo de don Ramón está estudiando inglés español matemáticas y química en Los Ángeles California

10. Tú lo has visto verdad

Sustantivos que tienen dos géneros

9 Completa con **el** o **la** según el significado.

1. ¿Sabes _____ orden de los números para el baile?

2. ¡Le dio _____ orden de terminar el trabajo pronto!

3. _____ cura de mi iglesia está en Nueva York hoy.

4. Aún no se ha descubierto _____ cura del cáncer.

5. ¿Tiene _____ capital para empezar una empresa nueva?

6. Él vive en _____ capital del estado.

Sección 4: Literatura

Lectura

El Cid de autor anónimo

10 Contesta.

1. ¿Quién escribió *El Cid*? _____

_____

2. ¿Qué significa «desterrar»? _____

_____

3. ¿Qué tipo de amor exprime este fragmento del poema? _____

_____

4. ¿Por qué siente el Cid tanto dolor? _____

_____

5. ¿Cómo describe el poeta este dolor? _____

_____

6. ¿Quién es Jimena? _____

_____

7. ¿Cómo se despide de ella? _____

_____

8. Y ella, ¿cómo se despide de él? _____

_____

9. ¿Qué hace con las niñas? _____

_____

10. ¿Cómo sabemos que el Cid está muy triste? _____

_____

11. ¿Piensas que este héroe es un hombre muy humano? ¿Por qué?

_____

_____

_____

Copyright © by The McGraw-Hill Companies, Inc.

Vocabulario para la lectura

11 Da una definición.

1. la telaraña

_____

_____

2. el centinela

_____

_____

3. el mecedor

_____

_____

4. la mugre

_____

_____

5. la penumbra

_____

_____

6. el recelo

_____

_____

7. la teja

_____

_____

8. los escombros

_____

_____

Lectura

***El amor en los tiempos del cólera* de Gabriel García Márquez**

***La casa de los espíritus* de Isabel Allende**

12 Contesta.

   1. ¿De qué país es Gabriel García Márquez?

   _____

   2. ¿Dónde estudió?

   _____

   _____

   _____

   3. ¿De qué goza él?

   _____

   _____

   4. ¿Cuál es una de sus novelas más famosas?

   _____

   _____

   5. ¿Cuál es el título de la novela en la cual nos da una descripción de la casa del Dr. Urbino?

   _____

   _____

   6. ¿Qué recibió en 1982?

   _____

   _____

Copyright © by The McGraw-Hill Companies, Inc.

13 Describe.

1. Examina el fragmento de *El amor en los tiempos del cólera* de García Márquez y haz una lista de a lo menos diez cosas que nos da a entender que esta es una casa muy elegante. Fíjate en como el autor sostiene esta elegancia en su descripción.

_____

_____

_____

_____

_____

_____

_____

2. En la novela *La casa de los espíritus* de Isabel Allende, ¿cómo nos hace la autora visualizar la casa abandonada de la familia Trueba? Haz una lista de a lo menos diez cosas que indican el abandono y el estado de deterioro.

_____

_____

_____

_____

_____

_____

_____

Actividades escritas
Copyright © by The McGraw-Hill Companies, Inc.

Sección 6: Conexión con el inglés

El verbo *to have*

14 Completa con *to have*.

1. —Do you _____ a car?

—No, I don't but my father _____ one.

—Does his car _____ two or four doors?

—It _____ four doors.

2. —Do they _____ a big house?

—Yes, they do.

—How many rooms does it _____?

—It _____ at least eight rooms.

La coma

15 Escribe los signos de puntuación apropiados.

1. Mary Tom and Bill are all good friends

2. They went to the store and bought bread meat and lettuce for lunch

3. They went to the store and then returned home

4. He put ham cheese lettuce butter and mayonnaise on his sandwich

5. Do you know the tall blonde girl in our Spanish class

Palabras homófonas

16 Completa con *to, too* o *two*.

1. I want to go _____ Europe.

2. My brother wants to go _____.

3. The _____ of us want to go.

4. _____ are _____ many.

5. These _____ go _____ the same school and they are in some of the same classes.

17 Completa con *their, there* o *they're.*

1. _____ are four books on the table.

2. _____ on the table in the back of the room.

3. The table is over _____.

4. _____ not my books.

5. _____ his books.

6. My brother and sister are with _____ friends.

7. _____ all at the beach.

8. It's a holiday so _____ are lots of people on the beach.

18 Escribe oraciones originales usando cada una de las siguientes palabras.

1. to

_____

_____

2. too

_____

_____

3. two

_____

_____

4. four

_____

_____

5. for

_____

_____

6. there

_____

_____

7. they're

_____

_____

8. their

_____

_____

9. sale

_____

_____

10. sail

_____

_____

11. male

_____

_____

12. mail

_____

_____

Copyright © by The McGraw-Hill Companies, Inc.

Sección 2

Actividad 1   Escucha y repite.

los seguros
una póliza de seguros
el asegurado
el asegurador
una prima
en cuotas mensuales
en cuotas anuales
el riesgo
el actuario
indemnizar
los seguros de automóvil contra todo riesgo
la cantidad deducible
el seguro de vida
el beneficiario

Sección 3

Actividad 2   Escucha y escoge.

1. el policía   la policía

2. el policía   la policía

3. el cura   la cura

4. el cura   la cura

5. el coma   la coma

6. el coma   la coma

7. el cólera   la cólera

8. el cólera   la cólera

9. el capital   la capital

10. el capital   la capital

Actividad 3   Escucha y repite.

Actividad 4   Escucha y repite.

Actividad 5   **Escucha y escribe.**

1. No _____ a si nie_____ a.

2. _____ a en las nu_____ es.

3. _____ usca un _____ olso de _____ ananas.

4. _____ ine y _____ i.

5. La _____ íbora no _____ uela.

6. Una cue_____ a _____ asta en el _____ alle.

7. _____ i_____ e en una na_____ e

nue_____ a.

8. Los _____ os _____ ecinos nue_____ os

_____ i_____ en a_____ ajo.

Sección 4

Actividad 6   **Escucha.**

Actividad 7   **Escucha y escribe.**

1. ¿Es una poesía lírica o narrativa? _____

_____

2. ¿Por qué están todos tan tristes? _____

_____

3. ¿Cuándo se van a ver de nuevo? _____

_____

4. ¿Cómo describe el poeta la pena y el dolor que sienten? _____

_____

Capítulo

7

Atletas y deportes

Sección 1: Historia y cultura

Lectura

1 Contesta.

1. ¿Qué pasó en Managua, Nicaragua, dos días antes de Navidad?

_____

_____

2. ¿Cómo se presentaba el centro de la ciudad?

_____

_____

3. ¿Qué pasó a miles de personas?

_____

_____

4. ¿Qué pidió el gobierno nicaragüense?

_____

_____

5. ¿De dónde vino el socorro?

_____

_____

_____

6. ¿Quién oyó las noticias y decidió hacer algo?

_____

_____

7. ¿De dónde era?

_____

_____

2 Escribe una biografía corta de Roberto Clemente.

_____

_____

_____

_____

_____

_____

_____

_____

3 ¿Por qué se considera a Roberto Clemente un verdadero héroe?

_____

_____

_____

_____

_____

_____

_____

_____

Copyright © by The McGraw-Hill Companies, Inc.

Sección 2: Conocimientos para superar
Conexión con las finanzas

4   Contesta.

    1. ¿Qué tienen que pagar al gobierno todos los residentes de Estados Unidos?

_____

_____

    2. ¿Qué sube según el ingreso del individuo?

_____

_____

    3. ¿Qué incluye el ingreso personal además de los sueldos o salarios?

_____

_____

_____

    4. ¿Cómo se llega al ingreso bruto?

_____

_____

5   Da la palabra cuya definición sigue.

    1. _____ el salario

    2. _____ todos los ingresos que recibe un individuo

    3. _____ lo que pagan las cuentas de ahorro

    4. _____ el que paga impuestos

    5. _____ ajustes que pueden reducir el total del ingreso bruto

    6. _____ lo que queda al restar los ajustes del ingreso bruto

    7. _____ el ingreso sobre el cual es necesario pagar impuestos

6 Haz una lista de las deducciones posibles para reducir el ingreso bruto del contribuyente.

_____

_____

_____

_____

7 ¿Sí o no? Corrige las oraciones falsas.

1. Todos pagan la misma tasa de impuesto. No importa el ingreso personal.

_____

_____

2. El ingreso bruto incluye todo el dinero que recibe el individuo.

_____

_____

3. El dinero que se recibe por algunos privilegios, como derecho de autor, se llama renta.

_____

_____

4. El ingreso bruto ajustado es el ingreso antes de restar los ajustes del ingreso bruto.

_____

_____

5. El gobierno les concede una exención personal adicional a los mayores de 65 años.

_____

_____

6. Si el contribuyente tiene muchas deducciones puede tomar una deducción fija o estándar.

_____

_____

Sección 3: Gramática y lenguaje

Verbos de cambio radical

8 Completa con el presente del verbo indicado.

1. Yo _____ y tú _____ también. (poder)

2. Nosotros _____ y él _____ también. (empezar)

3. Ustedes _____ y nosotros _____ también. (volver)

4. Tú _____ y ella _____ también. (dormir)

5. El _____ y nosotros _____ también. (preferir)

6. Nosotros te _____ y él te _____ también. (querer)

7. María _____ y nosotros _____ también. (perder)

9 Escribe oraciones originales usando los siguientes verbos.

1. dormir _____

_____

2. preferir _____

_____

3. perder _____

_____

4. querer _____

_____

5. empezar _____

_____

6. poder _____

_____

7. colgar _____

_____

Infinitivo

10 Completa con una preposición o **que** cuando necesario.

1. Yo prefiero _____ comprar el vestido verde.

2. Ellos tienen _____ trabajar muy temprano.

3. Nosotros vamos _____ comer el postre.

4. Él trata _____ ser bueno.

5. Tú quieres _____ hacer demasiado.

6. Nosotros empezamos _____ estudiar arte.

7. ¡Hay _____ volver temprano!

8. Ustedes pueden _____ sentarse ahora.

9. Yolanda se pone _____ lavar la ropa.

10. Tengo _____ volver a casa.

Pronunciación y ortografía—Las consonantes c, z, s

11 Subraya la forma correcta.

1. ciego, siego

2. sanahoria, zanahoria

3. circo, sirco

4. sapatos, zapatos

5. gracias, grasias

6. ceniza, seniza, cenisa

7. sita, cita

8. sábana, zábana

12 Escribe la forma singular.

1. jueces _____

2. peces _____

3. nueces _____

4. lápices _____

5. veces _____

6. felices _____

Actividades escritas
Copyright © by The McGraw-Hill Companies, Inc.

Sección 4: Literatura
Vocabulario para la lectura

13 Pon las letras en orden para hacer una palabra del vocabulario.

1. rujant _____

2. recortera _____

3. torecin _____

4. derberon _____

5. logretia _____

6. jacore _____

14 Ahora escribe una oración original con cada una de las palabras de la Actividad 13.

1. _____

_____

2. _____

_____

3. _____

_____

4. _____

_____

5. _____

_____

6. _____

_____

Lectura

Ahora que vuelvo, Ton de René del Risco Bermúdez

15 Contesta.

1. ¿En qué país latinoamericano es el béisbol un deporte muy importante?

_____

_____

2. ¿A qué pueblo pequeño acuden muchos *scouts* de las Grandes Ligas?

_____

_____

3. ¿Por qué acuden a este pueblo?

_____

_____

_____

_____

4. ¿De dónde es el autor de *Ahora que vuelvo, Ton*?

_____

_____

_____

5. ¿Qué recuerda el autor en su obra?

_____

_____

_____

6. ¿Qué papel hace el béisbol en su cuento?

_____

_____

_____

_____

16 Describe.

1. a Ton _____

_____

2. el parque Salvador _____

_____

3. el partido de béisbol _____

_____

4. a los muchachos de «Aurora» _____

_____

Sección 6: Conexión con el inglés

Verbos seguidos de un infinitivo

17 ¿Cómo se expresa en inglés?

1. Él puede ir.

_____

2. Él debe ir.

_____

3. Él podría ir.

_____

4. Él irá.

_____

5. Él iría.

_____

18 Completa con la palabra indicada.

1. I _____ go and she _____

   go. (can)

2. We _____ go and she

   _____ go, too. (should)

19 Corrige cada oración.

1. She can to see it.

_____

2. She cans see it.

_____

3. She can sees it.

_____

4. Do you can see it?

_____

5. She don't can see it.

20 Escribe una oración original usando cada una de las siguientes expresiones.

1. can _____

_____

2. should _____

_____

3. will _____

_____

4. would _____

_____

5. could _____

_____

6. may _____

_____

7. must _____

_____

8. ought to _____

_____

Copyright © by The McGraw-Hill Companies, Inc.

Sección 1

Actividad 1   Escucha.

Actividad 2   Escucha y escribe.

_____

_____

_____

_____

_____

Sección 2

Actividad 3   Escucha y repite.

el salario o el sueldo
los impuestos o los tributos
el ingreso del individuo
el ingreso personal
las regalías
el ingreso bruto
el ingreso bruto ajustado

el o la contribuyente
una deducción
contribuciones caritativas
una deducción fija o estándar
el ingreso gravable
la tasa de impuesto

Sección 3

Actividad 4   Escucha y repite.

Actividad 5   Escucha, lee y repite.

Actividad 6   Escucha y escribe.

1. _____
2. _____
3. _____
4. _____
5. _____
6. _____
7. _____
8. _____

Sección 4

Actividad 7   Escucha.

Actividad 8   Escucha y escribe.

¿Qué emociones sientes al escuchar este cuento?

_____

_____

_____

_____

Capítulo

8

México

Sección 1: Historia y cultura
Vocabulario para la lectura

1 Escribe de otra manera.

1. Él lo hizo *sin la ayuda de nadie.*

_____

2. No sabemos si van a liberar a *los que han prendido las fuerzas enemigas.*

_____

3. Ellos quieren *empezar* un nuevo negocio.

_____

4. Van a *hospedar* a toda la familia.

_____

5. Si pueden, lo van a *arrestar.*

_____

2 Escribe una oración original con cada una de las siguientes palabras.

1. la pedrada _____

_____

2. emprender _____

_____

3. prender _____

_____

Lectura

3 Describe.

1. el conflicto entre Cortés y Velázquez _____

_____

_____

2. la llegada de Cortés a Veracruz _____

_____

_____

3. la leyenda de Quetzalcóatl _____

_____

_____

4. la muerte de Moctezuma _____

_____

_____

5. la Noche Triste _____

_____

_____

4 Contesta.

1. ¿Por qué quemó Cortés sus barcos?

_____

_____

_____

2. ¿Quién era Pedro de Alvarado? ¿Qué hizo?

_____

_____

_____

3. ¿Por qué es un gran héroe del pueblo mexicano Cuauhtémoc?

_____

_____

_____

_____

Copyright © by The McGraw-Hill Companies, Inc.

Sección 2: Conocimientos para superar
Conexión con la medicina

5 Da una palabra relacionada.

1. infección _____

2. neumonia _____

3. cardíaco _____

4. pie _____

5. orinas _____

6. quirúrgica _____

7. alergia _____

8. radiograma _____

6 Identifica la especialización que trata de los siguientes.

1. los huesos

_____

2. los niños

_____

3. la salud mental

_____

4. el corazón

_____

5. los oídos, la nariz y la garganta

_____

6. los pulmones

_____

7. la piel

_____

8. los riñones

_____

Sección 3: Gramática y lenguaje

Ser y estar

7 Escribe cinco oraciones originales con el verbo **ser**.

1. _____

_____

2. _____

_____

3. _____

_____

4. _____

_____

5. _____

_____

8 Escribe cinco oraciones originales con el verbo **estar**.

1. _____

_____

2. _____

_____

3. _____

_____

4. _____

_____

5. _____

_____

Copyright © by The McGraw-Hill Companies, Inc.

9 Escribe cuatro pares de oraciones. En cada par contrasta **ser** y **estar**.

1. _____

_____

2. _____

_____

3. _____

_____

4. _____

_____

Los pronombres de complemento

10 Escribe.

1. dos oraciones con **yo**

_____

_____

2. dos oraciones con **me**

_____

_____

3. dos oraciones con **tú**

_____

_____

4. dos oraciones con **te**

_____

_____

5. dos oraciones con **nosotros**

_____

_____

6. dos oraciones con **nos**

_____

_____

Sección 4: Literatura

Lectura

Si eres bueno... de Amado Nervo

11 Contesta.

1. ¿De dónde es Amado Nervo?

_____

_____

2. Según el poeta, ¿cuándo estaremos sanos y contentos?

_____

_____

3. ¿Qué hizo al dejar la carrera religiosa?

_____

_____

4. ¿Dónde murió?

_____

_____

5. ¿Qué hizo el gobierno uruguayo?

_____

_____

12 Completa.

Si eres _____, sabrás todas las cosas
                    1

sin _____: y no habrá para tu espíritu
              2

nada _____, nada _____, nada
            3   4

negro, en la vastedad del _____
                                        5

Actividades escritas
Copyright © by The McGraw-Hill Companies, Inc.

Lectura
Triolet... de Manuel González Prada

13 ¿Cómo lo dice el poeta?

    1. Hay un mensaje en tus ojos

      pero no sé cuál es.

_____

_____

_____

_____

_____

    2. ¿Palpitan indiferencia y enfado

      o hablan de afecto y de confianza y asentimiento?

_____

_____

_____

_____

_____

Sección 6: Conexión con el inglés

Los complementos

14 Completa.

I spoke with the doctor. _____ gave

_____ a prescription and told

_____ to go to the pharmacy. I went to

the pharmacy and the pharmacist gave _____

a bottle of pills. He/She told _____ to take three

a day for five days.

15 Completa.

—Jim, what did the doctor give _____?

—He/She gave _____ an injection.

—Where did he/she give _____ the injection?

—In the right arm.

—Did it hurt _____?

—No, it didn't hurt at all.

16 Contesta con un pronombre.

1. Did he see you?

_____

2. Did he see the two of you?

_____

3. Did he invite you both to the party?

_____

4. Did he give you the address?

_____

Actividades escritas
Copyright © by The McGraw-Hill Companies, Inc.

Sección 1

Actividad 1   **Escucha.**

Actividad 2   **Escucha y escoge.**

	CORRECTO	INCORRECTO
1. Cristóbal Colón mismo decidió conquistar a Cuba.	❑	❑
2. En la expedición a Cuba, Hernán Cortés acompañó a Diego Velázquez. Velázquez fue el jefe de la expedición. Cortés fue su secretario.	❑	❑
3. Velázquez y Cortés mantenían buenas relaciones.	❑	❑
4. Cortés salió de Cuba para ir a México sin Velázquez.	❑	❑
5. Cortés no tenía ningún deseo personal de conquistar México.	❑	❑
6. Al llegar a la costa de México, Cortés sabía que todos sus hombres estaba con él.	❑	❑
7. Cortés hizo quemar todos sus barcos porque no querían que los indígenas tomaron posesión de ellos.	❑	❑

Sección 2

Actividad 3   **Escucha y repite.**

Actividad 4   **Escucha y escoge.**

_____ la neumología

_____ la ginecología

_____ la nefrología

_____ la gastroenterología

_____ la cardiología

_____ la neurología

_____ la cirugía

_____ la dermatología

Actividad 5   Escucha y escoge.

_____ el/la otorrinolaringólogo(a)

_____ el/la radiólogo(a)

_____ el/la ortopedista

_____ el/la obstetra

_____ el/la pediatra

_____ el/la psiquiatra

Actividad 6   Escucha y contesta.

Actividad 7   Escucha.

Actividad 8   Escucha.

Actividad 9   Escucha y contesta.

Actividad 10   Escucha.

Actividad 11   Escucha y escribe.

1. _____

2. _____

3. _____

4. _____

5. _____

Sección 4

Actividad 12   Escucha.

Actividad 13   Escucha y escoge.

1. a   b   c

2. a   b   c

3. a   b   c

Copyright © by The McGraw-Hill Companies, Inc.

Capítulo

9

Verano o invierno

Sección 1: Historia y cultura

Lectura

Nosotros y las lenguas de María Vaquero

1 Contesta.

1. ¿Cuál es la definición de «lengua» o «idioma» que da María Vaquero?

_____

_____

_____

2. Según ella, ¿cuántos idiomas adquirimos de forma natural?

_____

_____

_____

3. ¿Cómo se adquiere una lengua de forma natural?

_____

_____

_____

4. ¿Qué es una «lengua materna»?

_____

_____

_____

5. ¿Qué tienen todos los individuos de una comunidad?

_____

_____

_____

6. ¿Cómo debemos distinguir las diferencias entre «lengua materna» y «segunda o tercera lenguas»?

_____

_____

_____

_____

7. ¿Qué nos garantiza el uso adecuado de nuestra lengua materna?

_____

_____

_____

_____

_____

2 Identifica.

1. la articulación

_____

_____

_____

_____

_____

2. la entonación

_____

_____

_____

_____

_____

Copyright © by The McGraw-Hill Companies, Inc.

Sección 2: Conocimientos para superar
Conexión con la geografía

3 Da una definición.

1. el clima

_____

_____

_____

2. el tiempo

_____

_____

_____

3. la meteorología

_____

_____

_____

4. la corriente Humboldt

_____

_____

_____

_____

5. un clima templado

_____

_____

_____

_____

Copyright © by The McGraw-Hill Companies, Inc.

4 Contesta.

1. ¿Cómo es toda la cuenca amazónica de Sudamérica?

_____

_____

2. ¿Dónde hay otras zonas tropicales en Latinoamérica?

_____

_____

3. ¿Dónde hay zonas montañosas en Latinoamérica?

_____

_____

4. ¿Por qué gozan algunas ciudades de una «primavera eterna»?

_____

_____

5. ¿Qué partes de Latinoamérica tienen un clima templado?

_____

_____

6. ¿Cómo es el clima de la Patagonia?

_____

Copyright © by The McGraw-Hill Companies, Inc.

Sección 3: Gramática y lenguaje

El pretérito

5 Completa con el morfema gramatical apropiado del pretérito.

1. Ellos habl_____ con el profesor.

2. Yo visit_____ a mis abuelos.

3. El autor public_____ la novela.

4. Anoche nosotros mir_____ la televisión.

5. Tú estudi_____ mucho.

6. Ellos prepar_____ la comida.

7. Yo trabaj_____ con aquella compañía.

8. El tren lleg_____ tarde.

9. Ustedes viaj_____ mucho el año pasado.

10. Tú cant_____ muy bien.

6 Escribe en el pretérito.

1. Tú compras demasiado.

_____

_____

2. Miguel no habla en voz alta.

_____

_____

3. Yo no preparo nada.

_____

_____

4. Ellos no bailan mucho.

_____

_____

5. Tú terminas pronto.

_____

6. Usted canta muy bien.

_____

_____

7. Nosotros limpiamos la casa.

_____

_____

8. Lavo el carro.

_____

_____

7 Completa con el pretérito del verbo indicado.

1. Yo _____ (al) fútbol. (jugar)

2. Yo _____ la cuenta. (pagar)

3. Ellos no _____ (al) béisbol. (jugar)

4. ¿Quién lo _____? (pagar)

5. Yo _____ el periódico. (buscar)

6. La película _____ a las cuatro. (empezar)

7. Yo _____ a las ocho. (comenzar)

8. Yo _____ anoche. (practicar)

8 Da el sujeto tácito.

1. Lo miré. _____

2. Hablaste mucho con él. _____

3. ¡Qué bien cantaste! _____

4. No nadé. _____

5. Esquiamos en el lago. _____

Pronombres de complemento directo

9 Explica.

1. ¿Qué es un complemento directo?

_____

_____

2. ¿Qué es un pronombre de complemento directo?

_____

_____

10 Subraya el complemento directo.

1. Tomás mira a su amiga.

2. Juan tiene las fotos.

3. El padre acostó al niño.

4. Ella perdió las llaves.

5. Tengo el boleto.

6. Preparamos la tarea.

7. ¿Dónde compraste los guantes?

8. Fundaron la escuela en 1940.

9. No discutieron el asunto.

10. Yo vendí la casa.

11 Escribe cada oración de la Actividad 10 con un pronombre.

1. _____

_____

2. _____

_____

3. _____

_____

4. _____

_____

5. _____

_____

6. _____

_____

7. _____

_____

8. _____

_____

9. _____

_____

10. _____

_____

Diptongos

12 Subraya cada diptongo.

1. piedra

2. supersticioso

3. agua

4. puerta

5. triunfante

6. puede

7. piedad

8. ruina

13 Escribe la tilde cuando necesario.

1. veo _____

2. mio _____

3. extension _____

4. lee _____

5. leiste _____

6. cai _____

Copyright © by The McGraw-Hill Companies, Inc.

Monosílabos

14 Contesta.

1. ¿Qué es un monosílabo?

_____

_____

2. ¿Cuándo lleva un monosílabo una tilde?

_____

_____

15 Escribe una oración usando cada palabra.

1. el

_____

_____

2. él

_____

_____

3. mí

_____

_____

4. mi

_____

_____

5. si

_____

_____

6. sí

_____

_____

Copyright © by The McGraw-Hill Companies, Inc.

Sección 4: Literatura
Vocabulario para la lectura

16 Da la palabra apropiada.

1. _____ describe una forma que puede tener la nariz

2. _____ de ojos de forma de almendra

3. _____ moderar, disminuir, hacer menos violento

4. _____ la maleza, la espesura

5. _____ el jefe, el patrón

6. _____ que tiene pequeñas manchas en la piel

17 Escribe una oración original con cada palabra.

1. aguileño

_____

_____

2. trigueño

_____

_____

3. aparentar

_____

_____

4. amortiguar

_____

_____

5. la alforja

_____

_____

Lectura

El grano de oro Una leyenda

18 Contesta.

1. ¿Por qué tiene Puerto Rico el nombre de «isla del encanto»?

_____

_____

2. ¿Qué aguas bañan su costa?

_____

_____

3. ¿Cómo es el interior de la isla?

_____

_____

4. ¿Qué es una leyenda? _____

_____

_____

19 Describe.

1. lo que le pasó a Orozco y por qué _____

_____

_____

2. por qué dice Orozco que Dios le ha castigado _____

_____

_____

3. lo que hizo Guilarte con el oro y por qué _____

_____

_____

4. lo que le dio el Rey a Guilarte _____

_____

_____

Sección 6: Conexión con el inglés

Los pronombres de complemento directo

20 Escribe con un pronombre.

1. John saw *his girlfriend* on Saturday night.

_____

2. She bought *the gift*. He didn't buy *the gift*.

_____

3. Everyone loves *that little boy*.

_____

4. He met *his friends* after school.

_____

5. He gave *the tickets* to his brother.

_____

6. I wanted *that car* but my brother didn't want *that car*.

_____

7. We saw *the house* and bought *the house* immediately.

_____

8. Did you invite *Jim*?

_____

9. Did you invite *Mary*?

_____

10. When did you invite *Jim and Mary*?

_____

Actividades escritas
Copyright © by The McGraw-Hill Companies, Inc.

Sección 2

Actividad 1   Escucha.

Actividad 2   Escucha y repite.

Actividad 3   Escucha y repite.

Actividad 4   Escucha y repite.

Actividad 5   Escucha y repite.

Actividad 6   Escucha y repite.

Actividad 7   Escucha y repite.

Actividad 8   Escucha y escribe.

1. _____
2. _____
3. _____
4. _____
5. _____
6. _____
7. _____
8. _____
9. _____
10. _____

Actividad 9   Escucha y escribe.

1. _____
2. _____
3. _____
4. _____
5. _____
6. _____
7. _____
8. _____
9. _____
10. _____
11. _____
12. _____

13. _____

14. _____

15. _____

16. _____

17. _____

18. _____

19. _____

20. _____

Actividad 10   Escucha y escribe.

1. _____

2. _____

3. _____

4. _____

5. _____

6. _____

7. _____

8. _____

9. _____

10. _____

11. _____

12. _____

Actividad 11   Escucha.

Sección 4

Actividad 12   Escucha y escribe.

1. _____

2. _____

3. _____

4. _____

5. _____

6. _____

7. _____

Capítulo
10

Arte y música

Sección 1: Historia y cultura

Vocabulario para la lectura

1 Escribe de otra manera.

1. *Se han juntado* para combatir al enemigo.

_____

2. Seguro que habrá *una rebelión*.

_____

3. Le dieron dos *látigos*.

_____

4. Nadie quiere ser *sirviente*.

_____

5. ¡El hijo *excepcional*!

_____

6. — ¿Qué oigo? —Oyes *el ruido del caballo*.

_____

7. *El que vio el incidente* dirá lo que vio.

_____

Lectura

2 Escribe una sinopsis de la vida y obra de Velázquez.

_____

_____

_____

_____

_____

_____

3 ¿Sí o no? Corrige las oraciones falsas sobre Goya.

   1. Goya nació en Andalucía.

   _____

   2. Pintó en un solo género y estilo.

   _____

   3. Goya estaba en Madrid cuando estalló la Guerra Civil española.

   _____

   4. Los españoles no lucharon contra los franceses.

   _____

   5. Goya fue testigo de una batalla atroz.

   _____

4 Contesta sobre Picasso.

   1. ¿Dónde nació Picasso? ¿Cuándo? _____

   _____

   2. ¿Qué profesión ejercía su padre? _____

   3. ¿Adónde fue a enseñar? _____

   _____

   4. ¿Qué hizo el joven Picasso que era extraordinario? _____

   _____

   5. ¿Adónde fue a los dieciocho años? _____

   _____

   6. ¿Qué creó con Braque? _____

   _____

5 Da una descripción del famoso cuadro *Guernica* de Pablo Picasso.

   _____

   _____

   _____

   _____

Copyright © by The McGraw-Hill Companies, Inc.

6 Describe.

    1. la situación política en México durante la época de Rivera

_____

_____

    2. lo que representa su obra *La liberación del peón*

_____

_____

    3. lo que simboliza la hacienda que está ardiendo

_____

_____

7 Contesta sobre Orozco.

    1. ¿A quiénes vemos en la pintura *Zapatistas*?

_____

_____

    2. ¿Qué sugiere que la marcha de los peones sea una marcha determinada?

_____

_____

    3. ¿Cuál es la causa de los peones?

_____

_____

Nombre _____ Fecha _____

8 Contesta sobre Kahlo.

1. ¿Dónde nació y murió Frida Kahlo? _____

_____

2. ¿De qué ascendencia eran sus abuelos paternos? _____

_____

3. ¿Cómo es que su padre emigró a México? _____

_____

_____

4. ¿Con quién se casó él? _____

_____

5. ¿Cómo educó su madre a sus hijas? _____

_____

6. ¿Qué tipo de niña era Frida? _____

_____

7. ¿Qué le pasó a Frida un día al regresar de la Preparatoria? _____

_____

_____

8. ¿Cómo cambió este accidente su vida? _____

_____

9. ¿Cómo empezó a pintar Frida? _____

_____

_____

9 Describe.

A pesar de sus sufrimientos Kahlo llevó una vida muy activa.
Describe lo que hizo.

_____

_____

_____

_____

Actividades escritas
Copyright © by The McGraw-Hill Companies, Inc.

Sección 2: Conocimientos para superar
Conexión con el arte y la música

10 Explica.

1. lo que tiene que hacer el pintor antes de empezar a pintar _____
   _____

2. lo que es la perspectiva _____
   _____

3. lo que es el tema o motivo del cuadro _____
   _____

4. lo que es el estilo _____
   _____

5. lo que es el relieve _____
   _____

11 Compara.

1. un cuadro figurativo con un cuadro abstracto
   _____
   _____
   _____
   _____

2. los materiales que necesita el pintor con los que necesita el escultor
   _____
   _____
   _____
   _____

3. el bajorrelieve con el altorrelieve
   _____
   _____
   _____
   _____

12 Contesta.

    1. ¿En qué grupos se clasifican los instrumentos musicales?

    _____

    _____

    2. ¿En qué se divide una orquesta sinfónica?

    _____

    _____

    3. ¿Qué es una sinfonía?

    _____

    _____

    4. ¿Qué es una banda o charanga?

    _____

    _____

13 En tus propias palabras, explica lo que es una ópera.

_____

_____

_____

_____

_____

14 ¿Cuál es tu tipo de música favorito? Descríbelo y explica por qué te gusta.

_____

_____

_____

_____

_____

Copyright © by The McGraw-Hill Companies, Inc.

Sección 3: Gramática y lenguaje

El pretérito

15 Escribe cada oración en el pretérito.

1. Carmen y María salen a las ocho.

   _____

2. Nosotros bebemos agua.

   _____

3. Él vende el carro.

   _____

4. Yo vivo en el centro mismo.

   _____

5. Nadie pierde.

   _____

6. Tú escribes buenos artículos.

   _____

7. Yo no como mucho.

   _____

8. Elena defiende bien su opinión.

   _____

9. Ellos vuelven a tiempo.

   _____

10. Recibimos muchos paquetes.

    _____

16 Completa con el pretérito.

1. Ellos _____ su opinión. (defender)

2. Yo _____ la casa el año pasado. (vender)

3. Mis primos _____ en la capital. (vivir)

4. Tú lo _____ el otro día. (recibir)

5. ¿A qué hora _____ ustedes? (salir)

6. Nosotros _____ mucho en aquel curso.
(aprender)

7. Su equipo _____ el juego. (perder)

8. Yo no _____ mucho. (comer)

9. ¿_____ tú aquel artículo? (escribir)

10. Nosotros _____ a las ocho. (volver)

11. Elena _____ la montaña. (subir)

12. Ellos _____ el equipaje en la maletera
del carro. (meter)

13. Nosotros _____ una cuenta corriente. (abrir)

14. Yo lo _____ enseguida. (aprender)

15. Ellos _____ el telegrama ayer. (recibir)

El complemento indirecto

17 Explica.

Explica la diferencia entre un complemento directo y un complemento
indirecto.

_____

_____

_____

_____

_____

18 Escribe cada oración con un pronombre de complemento indirecto.

1. Él dijo la verdad *a María*.

_____

_____

2. El cartero dio las cartas *a Juan*.

_____

_____

3. El señor González habló *a sus hijos*.

_____

_____

4. Yo di un regalo *a mi hermana*.

_____

_____

5. Elena mandó el paquete *a sus primos*.

_____

_____

6. El profesor explicará la lección *a las alumnas*.

_____

_____

7. Carlos escribió una carta *a su amiga*.

_____

_____

8. El capitán dio las órdenes *a los soldados*.

_____

_____

19 Completa con el pronombre de complemento apropiado.

1. María visitó a su abuela.

   María _____ visitó.

2. El padre leyó el cuento a su hijo.

   El padre _____ leyó el cuento.

3. María vio el drama en el Teatro Real.

   María _____ vio en el Teatro Real.

4. La chica sabía los resultados.

   La chica _____ sabía.

5. El conductor devolvió los billetes a los pasajeros.

   El conductor _____ devolvió los billetes.

6. Carlos dijo «adiós» a María.

   Carlos _____ dijo «adiós».

7. El señor vio a su amigo y dio la mano a su amigo.

   El señor _____ vio y _____ dio la mano.

Copyright © by The McGraw-Hill Companies, Inc.

Sección 4: Literatura
Vocabulario para la lectura

20 Describe.

1. una persona altiva _____

_____

_____

2. un mancebo _____

_____

_____

3. un niño mimado _____

_____

_____

4. un testarudo _____

_____

_____

5. un gallardo _____

_____

_____

21 Da una palabra relacionada.

1. postular _____

2. mimar _____

3. acontecimiento _____

4. litigioso _____

5. obsequios _____

6. cautiverio _____

Lectura

La camisa de Margarita **de Ricardo Palma**

22 Describe o explica.

1. el ambiente en el cual se desarrolla el cuento *La camisa de Margarita*

_____

_____

_____

_____

_____

2. el conflicto

_____

_____

_____

_____

_____

3. el clímax

_____

_____

_____

_____

_____

Actividades escritas
Copyright © by The McGraw-Hill Companies, Inc.

Sección 6: Conexión con el inglés

El pasado

23 Escribe en el pasado simple.

1. He looks around.

_____

2. They travel a lot.

_____

3. I live there.

_____

4. He plays the oboe.

_____

5. She never worries.

_____

6. They annoy me.

_____

7. Who says that?

_____

8. He gives you the money.

_____

9. They never make a mistake.

_____

10. She swims in the ocean.

_____

11. They grow up fast.

_____

12. He falls asleep.

_____

13. I choose not to speak.

_____

14. We both drive.

_____

15. She speaks several languages.

_____

16. Who wins?

_____

17. You get the prize.

_____

18. Who takes the dog for a walk?

_____

19. No one brings it.

_____

20. They catch a lot of fish.

_____

21. He cuts his finger.

_____

22. The baby throws the ball.

_____

23. Who does that?

_____

24. He has all the money.

_____

Copyright © by The McGraw-Hill Companies, Inc.

24 Contesta en las formas afirmativa y negativa.

1. When did you sell the house? (last year)

_____

_____

2. When did they leave? (an hour ago)

_____

_____

3. When did she arrive? (Thursday)

_____

_____

4. When did they come? (last month)

_____

_____

5. When did she cry? (last night)

_____

_____

6. When did it happen? (yesterday)

_____

_____

7. When did they go? (Tuesday)

_____

_____

8. When did we do that? (last summer)

_____

_____

9. When did you speak to him? (earlier today)

_____

_____

10. When did you lend him the money? (two weeks ago)

_____

_____

El complemento indirecto

25 Escribe con el pronombre indirecto.

1. We gave *Paul* the books.

_____

_____

2. We gave the book *to the boys*.

_____

_____

3. I sent the e-mail *to Jane*.

_____

_____

4. They told the same story *to my sister and me*.

_____

_____

Actividades escritas
Copyright © by The McGraw-Hill Companies, Inc.

Sección 1

Actividad 1   Escucha.

Actividad 2   Escucha y escoge.

	CORRECTO	INCORRECTO			CORRECTO	INCORRECTO
1.	☐	☐		4.	☐	☐
2.	☐	☐		5.	☐	☐
3.	☐	☐		6.	☐	☐

Actividad 3   Escucha y escribe.

_____

_____

_____

_____

Sección 2

Actividad 4   Escucha y repite.

Actividad 5   Escucha y escribe.

1. _____   5. _____

2. _____   6. _____

3. _____   7. _____

4. _____   8. _____

Sección 3

Actividad 6   Escucha y escribe.

1. _____   5. _____

2. _____   6. _____

3. _____   7. _____

4. _____   8. _____

Actividad 7   Escucha y escribe.

1. _____   5. _____

2. _____   6. _____

3. _____   7. _____

4. _____   8. _____

Copyright © by The McGraw-Hill Companies, Inc.

Actividad 8   Escucha y escoge.

	PRESENTE	PASADO			PRESENTE	PASADO
1.	☐	☐		6.	☐	☐
2.	☐	☐		7.	☐	☐
3.	☐	☐		8.	☐	☐
4.	☐	☐		9.	☐	☐
5.	☐	☐		10.	☐	☐

Actividad 9   Escucha y repite.

Actividad 10   Escucha.

Actividad 11   Escucha y repite.

Actividad 12   Escucha.

Actividad 13   Escucha y escribe.

1. _____
2. _____
3. _____
4. _____
5. _____

Sección 4

Actividad 14   Escucha.

Actividad 15   Escucha y escoge.

	CORRECTO	INCORRECTO			CORRECTO	INCORRECTO
1.	☐	☐		7.	☐	☐
2.	☐	☐		8.	☐	☐
3.	☐	☐		9.	☐	☐
4.	☐	☐		10.	☐	☐
5.	☐	☐		11.	☐	☐
6.	☐	☐		12.	☐	☐

Actividad 16   Responde.

_____

_____

_____

_____

Actividades auditivas
Copyright © by The McGraw-Hill Companies, Inc.

Capítulo

11

Tierra y aventura

Sección 1: Historia y cultura

Lectura

1 ¿Sí o no? Corrige las oraciones falsas.

1. El río Bravo está en la frontera de México y Guatemala. _____

_____

2. Los geógrafos dividen Latinoamérica en cuatro zonas o áreas. _____

_____

3. El territorio más vasto de Latinoamérica son todas las islas de las

Antillas Mayores y las Antillas Menores. _____

_____

4. Los Andes corren a lo largo de toda la costa oriental de la América.

del Sur. _____

_____

5. En toda la región amazónica hay montañas. _____

_____

6. El Amazonas nace en Brasil y sigue hasta Perú. _____

_____

7. En México entre la Sierra Madre Occidental y la Sierra Madre Oriental

hay una gran selva tropical. _____

_____

_____

8. Los llanos son tierras altas. _____

_____

9. Las pampas son llanuras con muchos bosques. _____

_____

10. La región más árida de Latinoamérica se encuentra entre Chile y

Argentina. _____

_____

2 Identifica.

1. las Antillas Mayores _____

_____

2. zonas montañosas de Latinoamérica _____

_____

_____

3. Iquitos _____

_____

_____

4. donde vive la mayoría de las poblaciones boliviana, peruana y

ecuatoriana _____

_____

_____

5. el gran Chaco _____

_____

_____

6. La Patagonia _____

_____

3 Pon los siguientes en orden del norte al sur.

el gran Chaco   las pampas

los llanos   la cuenca amazónica

1. _____

2. _____

3. _____

4. _____

Copyright © by The McGraw-Hill Companies, Inc.

Sección 2: Conocimientos para superar
Conexión con el comercio

4 Explica.

1. lo que comprende el marketing _____

_____

2. lo que es el mercado de consumo _____

_____

3. algunos variables que hay que tomar en cuenta _____

_____

4. el significado de «segmento del mercado» _____

_____

5. el significado de «lanzar un nuevo producto» _____

_____

6. el significado de «realizar una ganancia» _____

5 Da una palabra relacionada.

1. consumir _____

2. publicar _____

3. promover _____

4. planear _____

5. comprar _____

6. variar _____

7. segmentar _____

8. costar _____

9. diseñar _____

10. confeccionar _____

11. producir _____

12. ganar _____

Sección 3: Gramática y lenguaje

El presente progresivo

6 Da el participio presente de los siguientes verbos.

1. comprar _____

2. vender _____

3. planear _____

4. producir _____

5. salir _____

6. lanzar _____

7. leer _____

7 Escribe cada oración de nuevo usando el tiempo progresivo.

1. Ellos lanzan un nuevo producto. _____

_____

2. Lo producen ahora. _____

_____

3. Ayudo en la planificación del producto. _____

_____

4. Tomamos muchas decisiones importantes. _____

_____

5. Escogemos el segmento del mercado más apropiado para el producto.

_____

_____

Más signos de puntuación

8 Pon los signos de puntuación apropiados.

1. Las Antillas Mayores son Puerto Rico Cuba y La Española

_____

2. Iquitos un puerto fluvial en Perú es una ciudad comercial

_____

3. El profesor nos dijo Latinoamérica se divide en tres zonas o áreas

importantes _____

_____

4. Son México Centroamérica y la América del Sur

_____

_____

5. *La Vorágine* es una novela famosa que tiene muchas descripciones de la

naturaleza latinoamericana _____

_____

_____

6. Lo importante hay que proteger el medio ambiente de la cuenca

amazónica _____

_____

7. El Amazonas nace en Perú atraviesa Brasil y desemboca en el Atlántico

_____

_____

8. Yo quisiera subir los Andes pero _____

_____

9. Canción del pirata es un poema famoso del poeta romántico español

José de Espronceda _____

_____

_____

10. Elena quieres hacer un viaje a la América del Sur Sí pero en este

momento no puedo porque _____

_____

_____

Sección 4: Literatura
Vocabulario para la lectura

9 Da la palabra cuya definición sigue.

1. _____ bandera, estandarte

2. _____ dominar o someter a alguien

3. _____ parte posterior de una nave

4. _____ tela con que se confecciona una vela

5. _____ dirección, sentido

Lectura

Canción del pirata de José de Espronceda

10 Contesta.

1. En el pasado, ¿cómo tenían que viajar los que querían ver el mundo?

_____

_____

_____

2. ¿Cómo viaja la mayoría de la gente hoy?

_____

_____

3. ¿Dónde nació el poeta José de Espronceda?

_____

_____

4. ¿Dónde recibió su educación?

_____

_____

_____

Actividades escritas
Copyright © by The McGraw-Hill Companies, Inc.

11 Explica.

En la página 319 del texto, se dice que Espronceda «Tiene una pasión por la libertad total como vamos a ver en el fragmento de su famoso poema que sigue.» ¿Cómo se refleja esta pasión en la poesía?

_____

_____

_____

_____

_____

_____

_____

Vocabulario para la lectura

12 Usa cada una de las siguientes palabras en una oración completa.

1. desalentado

_____

_____

2. el rocío

_____

_____

3. el ademán

_____

_____

4. el boliche

_____

_____

5. arrastrar

_____

_____

Lectura

Desde lejos para siempre de Nicolás Mihovilovic

13 Personalizando.

Después de haber leído este trozo de la novela *Desde lejos para siempre*, ¿crees que te gustaría vivir en Patagonia? ¿Por qué? Compara lo que aprendiste del clima de esta región con el clima de la región donde vives.

_____

_____

_____

_____

_____

_____

_____

Sección 6: Conexión con el inglés

El tiempo progresivo

14 Da el participio presente de los siguientes verbos.

1. buy _____

2. sell _____

3. shop _____

4. promote _____

5. plan _____

6. advertise _____

7. launch _____

8. prepare _____

9. employ _____

10. mail _____

Copyright © by The McGraw-Hill Companies, Inc.

Sección 2

Actividad 1   Escucha y repite.

Sección 3

Actividad 2   Escucha y repite.

Actividad 3   Escucha.

Actividad 4   Escucha y escribe.

1. _____

2. _____

3. _____

4. _____

5. _____

Actividad 5   Escucha y repite.

Sección 4

Actividad 6   Escucha.

Actividad 7   Escucha y completa.

1. Con diez cañones por banda,

   Viento en _____ a toda

   _____

2. Bajel pirata que llaman

   Por su _____ el _____,

3. Y alza en blando movimiento

   Olas de _____ y _____;

4. Y ve el capitán _____,

   _____ alegre en la popa,

   _____ a un lado, al otro Europa

5. «Veinte _____

   Hemos hecho

   A despecho

   Del _____,

6. «Que es mi _____ mi tesoro

   Que es mi _____ la libertad,

   Mi ley la fuerza y el viento.

   Mi única patria la mar.»

Actividad 8   Escucha y escribe.

1. _____

3. _____

2. _____

4. _____

Actividad 9   Escucha.

Actividad 10   Escucha y escoge.

	CORRECTO	INCORRECTO
1.	❑	❑
2.	❑	❑
3.	❑	❑
4.	❑	❑
5.	❑	❑
6.	❑	❑
7.	❑	❑
8.	❑	❑
9.	❑	❑
10.	❑	❑

Actividad 11   Escucha y responde.

1. a   b   c

Copyright © by The McGraw-Hill Companies, Inc.

Capítulo

12

Leyenda y vida

Sección 1: Historia y cultura
Lectura

1 Contesta sobre *Marina la Malinche*.

    1. ¿Qué hizo Marina para ayudar a los españoles?

_____

_____

    2. ¿Qué piensa mucha gente de Marina, sobre todo en México?

_____

_____

    3. ¿Por qué creía Marina que ayudaba a su gente?

_____

_____

_____

    4. ¿A qué leyenda podría haber dado origen el final de la vida de Marina?

_____

_____

_____

2 Contesta sobre *La Llorona*.

    1. ¿Por qué no pueden casarse los dos jóvenes?

_____

_____

_____

    2. ¿Por qué sería difícil que el joven dejara la casa de su padre?

_____

_____

_____

3. ¿Por qué regresa el joven a su palacio y deja a solas a la muchacha?

_____

_____

_____

4. ¿Cómo encuentran los soldados del virrey a la muchacha?

_____

_____

_____

3 ¿Qué opinas del comportamiento del joven en esta leyenda? Para ti, ¿qué tipo de persona es?

_____

_____

_____

_____

_____

_____

_____

_____

_____

Copyright © by The McGraw-Hill Companies, Inc.

Sección 2: Conocimientos para superar
Conexión con la ecología

4 Usa las siguientes palabras en una oración original.

    1. derramar _____

_____

    2. los tubos de escape _____

_____

    3. portadores de enfermedades _____

_____

    4. zonas industriales _____

_____

    5. deshacerse de _____

_____

5 Da una definición.

    1. la ecología _____

_____

    2. los desechos _____

_____

    3. contaminar _____

_____

    4. el reciclaje _____

_____

6 Contesta.

Escribe todo lo que tú haces personalmente para tratar de ayudar a eliminar
la contaminación del medio ambiente.

_____

_____

_____

Sección 3: Gramática y lenguaje

Verbos reflexivos

7 Contesta con oraciones completas.

1. ¿A qué hora te despiertas por la mañana?

_____

_____

2. En cuanto te despiertas, ¿te levantas o no?

_____

_____

3. ¿Te vistes enseguida?

_____

_____

4. ¿Te lavas los dientes antes o después del desayuno?

_____

_____

5. ¿Te peinas más de dos veces al día?

_____

_____

6. ¿Te sientas con tus amigos para almorzar?

_____

_____

7. ¿Te diviertes en la escuela?

_____

_____

8. ¿A qué hora te acuestas?

_____

_____

9. ¿Te duermes enseguida?

_____

_____

8 Completa.

1. Me pongo _____ chaqueta.

2. El niño se cepilla _____ dientes.

3. Me lavo _____ cara y

_____ manos.

4. Ellos se lavan _____ pelo.

9 Escribe una oración original.

1. yo / acostarse _____

_____

2. ellos / vestirse _____

_____

3. tú / dormirse _____

_____

4. nosotros / ponerse _____

_____

5. ella / cepillarse _____

_____

6. tú / bañarse _____

_____

7. ustedes / divertirse _____

_____

Sección 4: Literatura

Lectura

Coplas por la muerte de su padre de Jorge Manrique

10 Completa los versos siguientes.

1. «Nuestras vidas son los _____

   que van a dar a la _____

   que es el morir;»

2. «allegados son _____

   los que viven por sus _____

   y los ricos.»

3. «Partimos cuando _____

   andamos mientras _____ ,

   y llegamos

   al tiempo que fenecemos

   así que cuando _____

   descansamos.»

11 Explica el siguiente par de estrofas en tus propias palabras.

   «Este mundo es el camino
   para el otro que es morada
      sin pensar;
   mas cumple tener buen tino
   para andar esta jornada
      sin errar.»

_____

_____

_____

_____

_____

_____

Copyright © by The McGraw-Hill Companies, Inc.

Lectura

La vida es sueño de Pedro Calderón de la Barca

12 Da una definición.

1. un sueño _____

_____

2. una ilusión _____

_____

3. un frenesí _____

_____

4. una ficción _____

_____

Lectura

Triolet de Manuel González Prada

13 Contesta.

1. Según Manuel González Prada, ¿cuándo soñamos? _____

_____

2. ¿Cuándo despertamos? _____

_____

3. ¿Entre qué vamos? _____

_____

4. ¿Qué significará «hambrientos de vivir»? _____

_____

5. Según él, ¿vivimos o no? _____

_____

Vocabulario para la lectura

14 Pon las letras en orden para formar una palabra.

1. rcsteaar _____

2. dnaagieor _____

3. nmtdaesei _____

4. glarea _____

5. mnoac _____

15 Usa cada palabra de la Actividad 14 en una oración.

1. _____

2. _____

3. _____

4. _____

5. _____

Lectura

El ingenioso hidalgo don Quijote de la Mancha de Miguel de Cervantes Saavedra

16 Escribe un resumen de la biografía de Miguel de Cervantes Saavedra.

_____

_____

_____

_____

_____

_____

_____

_____

Copyright © by The McGraw-Hill Companies, Inc.

17 Analiza.

1. Para don Quijote, ¿qué son o qué representan los molinos de viento?

_____

_____

2. ¿Qué son para Sancho Panza?

_____

3. ¿Por qué quiere atacar los molinos don Quijote?

_____

_____

_____

4. Según don Quijote, ¿cómo es posible que los gigantes se convirtieran en molinos?

_____

_____

_____

18 Identifica y describe.

1. a don Quijote

_____

_____

2. a Sancho Panza

_____

3. a Dulcinea

_____

_____

4. a Rocinante

_____

_____

5. a Frestón

_____

_____

Sección 6: Conexión con el inglés

Verbos reflexivos

19 Escribe una oración original en inglés con cada una de las siguientes expresiones.

1. myself _____

_____

2. by myself _____

_____

3. for myself _____

_____

4. himself _____

_____

5. herself _____

_____

6. by herself _____

_____

20 Completa cada palabra para formar un pronombre reflexivo.

SINGULAR	PLURAL
1. her_____	them_____
2. him_____	them_____
3. my_____	our_____
4. your_____	your_____

Copyright © by The McGraw-Hill Companies, Inc.

Nombre _____ Fecha _____

Sección 1

Actividad 1   Escucha.

Actividad 2   Escucha y completa.

1. Marina la Malinche era hija de _____.

2. Ella respetaba mucho _____.

3. Después de la muerte de su querido padre, el padrastro de Marina

   _____.

4. Moctezuma era _____.

5. Los aztecas creyeron que los españoles eran _____

   _____.

6. El conquistador Cortés tuvo dificultad en hacerse entender y Marina

   _____.

7. Marina creía equivocadamente que _____

   _____.

8. Cortés nunca se casó con Marina pero ella no quería vivir sin él. Ella

   pasó sus últimos años _____.

Sección 2

Actividad 3   Escucha y repite.

Sección 3

Actividad 4   Escucha y escoge.

	SÍ	NO		SÍ	NO
1.	❑	❑	6.	❑	❑
2.	❑	❑	7.	❑	❑
3.	❑	❑	8.	❑	❑
4.	❑	❑	9.	❑	❑
5.	❑	❑	10.	❑	❑

Actividad 5   Escucha y repite.

Nombre _____ Fecha _____

Actividad 6   **Escucha y escribe.**

1. _____   9. _____
2. _____   10. _____
3. _____   11. _____
4. _____   12. _____
5. _____   13. _____
6. _____   14. _____
7. _____   15. _____
8. _____   16. _____

Actividad 7   **Escucha y repite.**

Actividad 8   **Escucha y escribe.**

1. _____
2. _____
3. _____
4. _____
5. _____
6. _____
7. _____
8. _____

Actividad 9   **Escucha y escribe.**

1. _____
2. _____
3. _____
4. _____
5. _____
6. _____

Actividad 10   **Escucha y corrige.**

Copyright © by The McGraw-Hill Companies, Inc.

Sección 4

Actividad 11   Escucha.

Actividad 12   Escucha y escribe.

1. ¿Qué son los ríos? _____

2. ¿Qué es la llegada de los ríos al mar? _____

3. ¿Cómo somos todos al llegar al mar? _____

4. ¿Qué significa eso? _____

Actividad 13   Escucha.

Actividad 14   Escucha y repite.

Actividad 15   Escucha.

Actividad 16   Escucha y escribe.

_____

_____

_____

_____

_____

Actividad 17   Escucha.

Capítulo

13

Lo indígena

Actividades escritas y auditivas

Sección 1: Historia y cultura

Vocabulario para la lectura

1 Expresa de otra manera.

1. Ellos quieren *incorporarse* en el grupo.

_____

2. *La leyenda* de «La Llorona» es muy triste.

_____

3. Ellos viven en *un bohío* con techo de paja.

_____

4. Los araucanos fueron un grupo *feroz*.

_____

5. Ellos van a *reunir* para tener más poder.

_____

6. Yo sé que ella va a *tener* un papel importante en el asunto.

_____

7. Él *anda* por el mundo.

_____

Lectura

2 En tus propias palabras, relata la leyenda de los primeros incas.

_____

_____

_____

_____

_____

_____

_____

Nombre _____ Fecha _____

3 Contesta sobre los incas.

1. ¿Por dónde se extendió el imperio incaico?

_____

_____

2. ¿Cómo se quedaba al tanto de todo lo que sucedía en el imperio el Inca?

_____

_____

_____

3. ¿Cuál es la diferencia entre un chasqui y un quipu?

_____

_____

_____

4. ¿Cuál era la base de la estructura social de los incas?

_____

_____

5. ¿Cuál era la base de la religión incaica?

_____

_____

4 Contesta sobre los aztecas.

1. Según una leyenda sobre el origen de los aztecas, ¿dónde debieron construir una ciudad?

_____

_____

2. ¿Cuándo llegaron los aztecas al valle de Anáhuac?

_____

_____

Actividades escritas
Copyright © by The McGraw-Hill Companies, Inc.

3. ¿Quiénes vivían allí?

_____

_____

4. ¿Cómo eran?

_____

_____

5. ¿Qué adoptaron los aztecas?

_____

_____

6. ¿Dónde fundaron su capital?

_____

_____

5 Identifica y describe.

1. las casas de los aztecas

_____

_____

2. la comida de los aztecas

_____

_____

3. su bebida favorita

_____

_____

4. sus oficios (trabajos)

_____

_____

5. su religión

_____

_____

Sección 2: Conocimientos para superar
Conexión con los estudios sociales

6 Usa las siguientes expresiones en una oración original.

1. un gobierno democrático _____

_____

2. el derecho al voto _____

_____

3. los partidos políticos _____

_____

4. la política _____

_____

5. el jefe ejecutivo _____

_____

6. la Constitución _____

_____

7. una coalición _____

_____

8. el voto de confianza _____

_____

9. un plebiscito _____

_____

10. un gobierno autocrático _____

_____

11. la libertad de palabra _____

_____

12. un toque de queda _____

_____

Copyright © by The McGraw-Hill Companies, Inc.

7 Explica.

¿Cuáles son algunas diferencias entre un sistema democrático unicameral y bicameral?

_____

_____

_____

_____

_____

_____

8 Contesta.

¿Preferirías vivir bajo una forma democrática o autocrática de gobierno? ¿Por qué?

_____

_____

_____

_____

_____

_____

_____

_____

_____

_____

Sección 3: Gramática y lenguaje

Verbos irregulares en el pretérito

El verbo decir

9 Escribe en el pretérito.

1. Yo hago el viaje y mi mejor amigo lo hace también. Hacemos el viaje en avión.

_____

_____

2. Ellos no lo quieren saber.

_____

_____

3. —¿De dónde vienes?

—Pues, vengo directamente del trabajo. Y Alicia viene conmigo.

_____

_____

4. Ella está pero sus primos no están.

_____

_____

5. Andamos por el pueblo entero y estamos más de media hora en la plazuela.

_____

_____

6. No lo tengo yo y no lo tienen ellos. Nadie lo tiene.

_____

_____

7. Él no puede o no quiere darse cuenta de lo grave que es la situación.

_____

_____

Copyright © by The McGraw-Hill Companies, Inc.

8. ¡Qué pena! No podemos ir.

_____

_____

9. Yo pongo mis gafas en la maleta y José pone las suyas en su mochila.

_____

_____

10. Yo no sé nada porque nadie me dice nada.

_____

_____

11. Él lo dice; yo lo digo. Todos decimos la misma cosa. ¡Y ellos! Se callan. No dicen nada.

_____

_____

Regionalismos

10 Escoge la palabra o expresión que usas. Luego, úsala en una oración original.

1. tomar un curso, seguir un curso _____

_____

2. ver la televisión, mirar la televisión _____

_____

3. alquilar (rentar, arrendar) un carro, alquilar (rentar, arrendar) un coche

_____

_____

4. la goma, el neumático, la llanta, el caucho _____

_____

_____

5. la habitación, el cuarto (de dormir), el dormitorio, la recámara _____

_____

_____

6. platicar, conversar, charlar _____

_____

_____

Sección 4: Literatura

Vocabulario para la lectura

11 Parea.

1. _____ enigmático   **a.** trabajar

2. _____ la fatiga   **b.** inexplicable

3. _____ ignorar   **c.** avaricia

4. _____ labrar   **d.** suplicar

5. _____ taciturno   **e.** cansancio

6. _____ implorar   **f.** callado, triste

7. _____ la codicia   **g.** atrevido

8. _____ audaz   **h.** no saber

12 Completa.

1. Él quiere que lo hagas. Él te _____.

2. ¡Qué _____! Sólo quiero dormir.

3. Ellos _____ lo que estás diciendo.

4. La _____ no es un atributo.

5. Es tan _____ que no sé si está triste o no.

6. Los campesinos _____ la tierra.

Lectura

¿Quién sabe? de José Santos Chocano

13 Contesta.

1. ¿Dónde nació José Santos Chocano? _____

_____

_____

2. ¿Dónde viajó? _____

_____

_____

Copyright © by The McGraw-Hill Companies, Inc.

3. ¿De qué canta en sus obras? _____

_____

4. ¿Cómo es que quería ser indio y español a la vez? _____

_____

_____

14 Escríbele una carta al indio diciéndole lo que le dice Santos Chocano en su poesía *¿Quién sabe?*

_____

_____

_____

_____

_____

_____

_____

_____

_____

_____

Vocabulario para la lectura

15 Usa cada palabra en una oración original.

1. forastero _____

_____

2. la cascada _____

_____

3. la lapa _____

_____

4. el tabú _____

_____

Lectura

Walimai de Isabel Allende

16 Escribe unos detalles sobre la vida de Isabel Allende.

_____

_____

_____

_____

_____

17 Explica lo que significa cada trozo.

1. No entiendo la facilidad de los extranjeros para llamarse unos a otros sin asomo de temor, lo cual no sólo es una falta de respeto, también puede ocasionar graves peligros. He notado que esas personas hablan con la mayor liviandad, sin tener en cuenta que hablar es también ser. El gesto y la palabra son el pensamiento del hombre.

_____

_____

_____

_____

_____

2. Algunos jóvenes tienen curiosidad por los blancos y mientras nosotros viajamos hacia lo profundo del bosque para seguir viviendo como nuestros antepasados, otros emprenden el camino contrario.

_____

_____

_____

_____

_____

Actividades escritas
Copyright © by The McGraw-Hill Companies, Inc.

3. Yo crecí con mis hermanos bajo los árboles, sin ver nunca el sol. A veces caía un árbol herido y quedaba un hueco en la cúpula profunda del bosque, entonces veíamos el ojo azul del cielo.

_____

_____

_____

_____

_____

18 Da una descripción de la casa en que viven el narrador y los suyos.

_____

_____

_____

_____

_____

_____

Sección 6: Conexión con el inglés

Sujeto y verbo

19 Completa.

1. Did you eat? Yes, I _____.

2. When did they come? They _____ yesterday.

3. Did the kids swim? Yes, they _____ a lot.

4. What did you make? I _____ a rug.

5. Did the children sleep? They _____ like logs.

6. Did she break it? Oh, yes. She _____ it.

7. Did he understand? Yes, he _____ everything.

8. Where did they live? They _____ in Mexico City.

9. Did you sell the house? Yes, I _____ it.

10. Did you shut the door? Yes, I _____ it.

20 Completa.

1. What did you _____? I wrote a letter.

2. Did you _____ it? Yes, I sent it yesterday.

3. Did he _____ you? Yes, he told me.

4. What did you _____? I got a new bike.

5. What did they _____? They won a trophy.

6. What did she _____? She found a ring.

7. Did you _____ it? Oh yes. I brought it.

8. What did he _____? He bought a new car.

9. When did they _____? They left yesterday.

10. Did it _____? Yes, it fit.

Copyright © by The McGraw-Hill Companies, Inc.

Sección 1

Actividad 1   Escucha.

Actividad 2   Escucha y escoge.

	CORRECTO	INCORRECTO
1. El dios Sol fue Inti y él creó a los primeros incas.	❑	❑
2. Los dos primeros incas se llamaban Manco Cápac y Mama Ocllo.	❑	❑
3. Al crearlos él los colocó en la ciudad de Cuzco.	❑	❑
4. Manco Cápac y Mama Ocllo viajaron del lago Titicaca hasta Cuzco con la vara que les había dado el Inti.	❑	❑
5. El emperador de los incas se llamaba el Inca.	❑	❑
6. Los incas no tenían ningún sistema de transporte.	❑	❑
7. Los chasquis eran mensajeros que corrían grandes distancias en un sistema de carreteras llevando órdenes y noticias.	❑	❑
8. Los incas tenían un excelente sistema de escritura.	❑	❑
9. Los incas hablaban quechua.	❑	❑
10. La organización social de los incas fue el ayllu—un grupo de diez familias que se agrupaban y compartían la tierra, los animales y la comida.	❑	❑

Actividad 3   Escucha.

Actividad 4   Escucha y escribe.

1. Según una leyenda, el dios Huitzilopóchtli les dijo a los aztecas que se

   establecieran donde se encontraran _____.

2. Mientras los aztecas andaban por México encontraron a los

   _____.

3. Los aztecas establecieron su capital en _____.

4. La ciudad tenía muchas _____.

5. Los aztecas vivían en _____.

6. Comían _____.

7. Bebían _____.

8. El famoso calendario azteca da testimonio de su conocimiento de

_____.

Sección 2

Actividad 5   Escucha y repite.

Sección 3

Actividad 6   Escucha y escoge.

	PRESENTE	PASADO		PRESENTE	PASADO
1.	❑	❑	5.	❑	❑
2.	❑	❑	6.	❑	❑
3.	❑	❑	7.	❑	❑
4.	❑	❑	8.	❑	❑

Actividad 7   Escucha.

Sección 4

Actividad 8   Escucha y repite.

Actividad 9   Escucha.

Actividad 10   Escucha y contesta.

¿Cuál es la repetida respuesta del indo?

_____

Actividad 11   Escucha.

Actividades auditivas
Copyright © by The McGraw-Hill Companies, Inc.

Capítulo
14

Comida y vida

Sección 1: Historia y cultura

Lectura

1 Escribe a lo menos tres frases sobre cada uno de los siguientes temas.

1. ciudades latinoamericanas _____

_____

2. la altiplanicie _____

3. la zona selvática _____

_____

4. las llanuras _____

_____

2 Describe.

1. una casa típica del altiplano

_____

_____

_____

2. una casa típica de la selva

_____

_____

_____

3 Explica la importancia de la topografía y del clima de Latinoamérica en la vida de los habitantes.

_____

_____

_____

_____

_____

4 Identifica el país donde se encuentra:

1. el Popocatépetl _____

2. el Irazú _____

3. el Monte Momotombo _____

4. el Osorno _____

Sección 2: Conocimientos para superar
Conexión con la salud

5 Contesta.

1. ¿Qué hacían los egipcios en la antigüedad para proteger su salud?

_____

_____

_____

2. ¿Qué tenían los hebreos? ¿Para qué?

_____

_____

_____

3. Y, ¿los griegos?

_____

_____

_____

4. ¿Qué es la higiene personal?

_____

_____

_____

5. ¿De qué depende el número de calorías que necesita una persona?

_____

_____

_____

Copyright © by The McGraw-Hill Companies, Inc.

6. ¿Por qué necesitan más calorías los adolescentes que los adultos?

_____

_____

_____

6 Escribe una lista de cosas que se debe hacer para mantener la salud y seguir un buen régimen de higiene personal.

_____

_____

_____

_____

_____

7 Prepara una lista de alimentos que se consideran buenos para la salud y otra de los alimentos que se deben evitar o comer en pequeñas porciones.

_____

_____

_____

_____

_____

8 Prepara una lista de actividades que benefician la salud.

_____

_____

_____

_____

_____

Sección 3: Gramática y lenguaje

Verbos de cambio radical

 9 Escribe dos oraciones—una en el presente y otra en el pretérito—usando cada uno de los siguientes verbos con el sujeto indicado.

1. ellos / pedir

_____

_____

2. tú / repetir

_____

_____

3. yo / servir

_____

_____

4. nosotros / servir

_____

_____

5. yo / seguir

_____

_____

6. ustedes / seguir

_____

_____

7. yo / elegir

_____

_____

8. él / elegir

_____

_____

Copyright © by The McGraw-Hill Companies, Inc.

9. yo / divertirse

_____

_____

10. ellos / preferir

_____

_____

11. yo / preferir

_____

_____

12. ella / dormir

_____

_____

Sección 4: Literatura
Vocabulario para la lectura

10 Pon las letras en orden para formar una palabra.

1. onoosd _____

2. sblaazana _____

3. toreelp _____

4. xinéf _____

11 Usa cada palabra de la Actividad 10 en una oración original.

1. _____

2. _____

_____

3. _____

_____

4. _____

_____

Copyright © by The McGraw-Hill Companies, Inc.

Lectura

El cuervo y el zorro de Félix de Samaniego

12 Contesta.

1. ¿Quiénes son cuatro fabulistas famosos?

_____

_____

_____

2. ¿Qué es una fábula?

_____

_____

_____

3. ¿Qué tiene una fábula?

_____

_____

_____

4. En esta fábula de Samaniego, ¿a quiénes personaliza?

_____

_____

_____

13 Completa.

1. El cuervo estaba en la _____ de un árbol.

2. Tenía un _____ en el pico.

3. El _____ del queso le atrajo al zorro.

4. El zorro le dijo al cuervo que estaba _____,

_____ y _____.

Copyright © by The McGraw-Hill Companies, Inc.

14 Explica como perdió el cuervo el queso.

_____

_____

_____

_____

_____

_____

_____

_____

_____

_____

Sección 6: Conexión con el inglés

Influencias del español

15 Usa las siguientes palabras en una oración en inglés.

1. adobe _____

_____

2. siesta _____

_____

3. meseta _____

_____

4. patio _____

_____

5. plaza _____

_____

6. arroyo _____

_____

Regionalismos

16 Subraya la palabra inglesa que oyes donde tú vives.

1. bag, sack

2. candy, sweet

3. thruway, parkway

4. traffic circle, roundabout, rotary

Actividades escritas
Copyright © by The McGraw-Hill Companies, Inc.

Sección 1

Actividad 1   Escucha.

Actividad 2   Escucha y escoge.

	LA ALTIPLANICIE	LA SELVA			LA ALTIPLANICIE	LA SELVA
1.	☐	☐		6.	☐	☐
2.	☐	☐		7.	☐	☐
3.	☐	☐		8.	☐	☐
4.	☐	☐		9.	☐	☐
5.	☐	☐		10.	☐	☐

Sección 2

Actividad 3   Escucha y repite.

Actividad 4   Escucha y escribe.

1. _____   6. _____

2. _____   7. _____

3. _____   8. _____

4. _____   9. _____

5. _____   10. _____

Sección 3

Actividad 5   Escucha y escribe.

1. _____   5. _____

2. _____   6. _____

3. _____   7. _____

4. _____   8. _____

Actividad 6   Escucha y escribe.

1. _____
2. _____
3. _____
4. _____
5. _____
6. _____

7. _____
8. _____
9. _____
10. _____
11. _____
12. _____

Actividad 7   Escucha y repite.

Actividad 8   Escucha y escribe.

1. _____
2. _____
3. _____
4. _____

5. _____
6. _____
7. _____
8. _____

Sección 4

Actividad 9   Escucha y repite.

Actividad 10   Escucha.

Actividad 11   Escucha y escoge.

1. ¿Dónde está sentado el cuervo?
   a. urfano y contento
   b. en la rama de un árbol
   c. al lado del zorro
2. ¿Qué tenía en el pico?
   a. una voz bonita
   b. nada
   c. un queso
3. ¿Qué atrajo al zorro?
   a. el cuervo
   b. el olor
   c. el pico

4. ¿Qué le dice el zorro al cuervo?
   a. que es muy bonito
   b. que tiene una voz fabulosa
   c. que quiere comer
5. Según el zorro, ¿qué debe tener el cuervo?
   a. un pico bien negro
   b. un queso rico
   c. una voz bonita
6. ¿Cómo dejó caer el queso el cuervo?
   a. Quería darle de comer al zorro.
   b. Quería cautar para que el zorro oyera so voz bonita.
   c. Se cayó del árbol.